民俗安徽

丛书入选安徽省文化强省建设专项资金项目

王贤友 杨 静 编著

品读·文化安徽

合肥工业大学出版社

前　言

品读文化安徽，第一步就是"品"，从字形上看，品由三个口组成，但这个口不是指嘴巴，而是指器皿——三个器皿叠放在一起，用来形容事物或物品众多。

那么，关于安徽的众多器皿中，主要又盛放着什么呢？

一个盛着酒，一个盛着茶，一个盛着诗。

酒，是一种凛冽而火热的液体；茶，是一种清雅而悠长的液体。它们是对于大自然的高度抽象，同时也融入了人工创造的高度智慧。安徽既出名酒，又出名茶，这从一个侧面也体现了大自然对这块土地的垂青和爱怜，而生活在这块土地上的人们，把对于大自然的汲取和感恩，化作了丰美的生活浆液和丰盈的文化积淀。

从酒上面，能看到安徽的北方，看到一望无垠的平原，看到沉甸甸的金色收获，看到农夫晶莹的汗珠；更远一点的，还能看到大禹治水遗迹、安丰塘、江淮漕运等等伟大的水利工程，还能感受到花鼓灯的热烈、拉魂腔的高亢和花戏楼上载歌载舞的酣畅……

从茶上面，能看到安徽的南方，看到草木葱茏的丘陵，看到朦朦胧胧的如梦春雾，看到农妇藕白的巧手；更远一点的，还能看到粉墙黛瓦，看到那些像诗一样优美的民居建筑，感受到贵池傩舞的神秘、徽剧声腔的精致和黄梅戏的婉转……

这些土地、这些物产，又怎能不吸引诗人呢？

于是曹操、曹植来了，嵇康、谢朓来了，李白、杜牧、刘禹锡来了，欧阳修、王安石、苏东坡来了，梅尧臣、姜夔、徐霞客来了……如果有心，可以绘制一幅安徽诗歌地图，定格一座座在中国诗歌史上意义显赫的风景重镇：

教弩台、敬亭山、浮山、齐云山、褒禅山、秋浦河、采石矶、杏花村、陋室、颍州西湖、醉翁亭、赤阑桥……那些被歌咏过的一山一水、一草一木，都闪烁着别样的光芒。

诗是灵魂的高蹈和想象力的释放，张扬的是一种逍遥洒脱的个性。诗人们是近于道家的，嵇康和李白，干脆自认为老庄的传人。而老庄及其道家哲学，正是安徽这块土地上结出的思想文化硕果。

道家太出世，则需要入世的儒家来中和。从经世致用的角度说，儒家思想，往往是一股"天行健，君子以自强不息"的正能量。

管仲和孙叔敖，出自安徽的春秋两大名相，他们的政治实践，给了同时代的孔子极大的影响；战国时的甘罗和秦末汉初的范增、张良，以其超凡的智慧与谋略，成为后世文臣的标杆；三国时的周瑜、鲁肃和南宋时的虞允文，分别因为赤壁大战和采石矶大捷而一战成名，他们是敢于赴汤蹈火的书生，也是运筹帷幄的儒将；两宋时期，程朱理学从徽州的青山绿水间兴起，最后成为几个朝代的官方思想和意识形态；明清之际，儒医和儒商，几乎同时在徽州蔚为大观，从"不为良相，即为良医"的新安医学代表人物和诚信勤勉的徽商典范身上，我们能够感受到一股清朗上进的儒雅之风；到了风起云涌的近代，李鸿章及其淮军将领，走的仍然是"儒生带兵"的路子，至少在其初期，洋溢着奋发有为的气概。李鸿章对于近代化孜孜不倦的追求，刘铭传对于祖国宝岛的守护和经营，段祺瑞对于共和政体的倾力捍卫，都是中国近代史上浓墨重彩的一笔……

酒、茶、诗、儒，是关于安徽的四大意象，也是安徽人精神的四个侧面，除此之外，安徽人的精神还包括什么呢？

显然，还包括勤劳、善良、淳朴、坚忍、进取等中华民族的诸项精神特质，还有最重要的一项就是——创新。

创新，从远古人类那时就开始了。最早的器物文明——和县猿人的骨制工具，最早的城市雏形——凌家滩，最早的村落——尉迟寺，等等，无不显示了先民的伟大创造。

创新，从司法鼻祖皋陶那里就开始了。他创造性地建构了中国古代最早的司法体系，最先开始弘扬"依法治国"的理念，而两千年后的北宋包拯，则承袭了这种朴素的法治精神。

创新，从大禹、管仲、孙叔敖、曹操、朱熹、朱元璋等政治家那里就开始了。大禹"堵不如疏"的崭新思路，是中国古代政治智慧中的重要因子；管仲的"仓廪实而知礼节"的先进思想，显示了他对于物质文明和精神文明的双重重视；孙叔敖关注民生的呕心沥血，曹操"唯才是举"的不拘一格，朱熹对于古代赈济体系的精心构筑，朱元璋对于封建制度的精心设计，也都开创了中国古代政治文明的新局面。

创新，也是文化巨擘的应有之义。从道家宗师老庄、理学宗师程朱，到近代现代哲学大师胡适、朱光潜；从率先融合儒释道三家的"睡仙"陈抟，到打通文理、博览百科的"狂生"方以智；从开创中国第一所"官办学校"的汉代教育家文翁，到现代平民教育的倡导者陶行知；从"建安风骨""魏晋风度""桐城派"这三大文学家群体，到吴敬梓、张恨水这两位小说家典范；从探索中国画白描技法的"宋画第一人"李公麟，到与齐白石齐名的新安画派代表人物黄宾虹；从开创近代书法和篆刻新风的邓石如，到现代雕塑大家刘开渠；从力促徽剧上升为国剧的程长庚，到黄梅戏表演艺术家严凤英；从巾帼不让须眉的近代女才子吕碧城，到洋溢着中西合璧气派的女画家潘玉良……没有"吾将上下而求索"的探索精神，也就没有他们那震古烁今的文化创造。

创新，同样是科技巨匠的立身之本。淮南王刘安对于豆腐的"点石成金"，神医华佗对于外科手术和麻醉术的开创，兽医鼻祖元亨兄弟对于兽医这门全新学科的开拓，还有程大位、方以智的数理演算，梅文鼎、戴震仰望星空的眼睛，包世臣、方观承理论与实践相结合的农学著作，两弹元勋邓稼先的非凡壮举……正是沿着前所未有的轨迹，这一颗颗闪耀的"科星"才飞升在天宇。

创新，还是物质文明的重要助推器。从朴拙无华的凌家滩玉器，到堂皇无比的楚大鼎；从恢宏厚重的汉画像石，到精美绝伦的徽州三雕；从文人推重的笔墨纸砚，到民间珍爱的竹器铁艺；从唇齿留芳的皖北面食，到咀嚼英华的徽式大菜；从花戏楼、振风塔、百岁宫等不朽建筑，到西递、宏村、查济的诗意栖居；从至今仍然发挥着作用的"天下第一塘"安丰塘，到永载新中国水利史册的佛子岭水库；从铜陵的青铜冶炼，到繁昌窑的炉火；从熙来攘往的芜湖米市，到造出中国第一台蒸汽机、第一艘轮船的安庆内军械所……正是因为集合了无数人的灵感和汗水，才孕育了这一件件小而美好的小设计、小发明、小物件，才诞生了这一项项大而堂皇的大工程、大构造和大器具。

创新，更是红色文化的闪亮旗帜。陈独秀的《安徽俗话报》，激情燃烧的鄂豫皖革命根据地，艰苦卓绝的皖南新四军，被称为"世界战争史奇迹"的千里跃进大别山，"靠人民小车推出胜利"的淮海战役……这些都展示了革命者的勇敢无畏和锐意进取，凝结了革命者的高度智慧，也奏出了时代精神的最强音。

创新，也是我们这个改革开放的火热时代的主旋律。小岗村的"大包干"实践，"人造太阳"托卡马克的建造，现代化大湖名城的横空出世，白色家电业和民族汽车工业的崛起，中国科技大学同步辐射、火灾科学、微尺度物质科学这三大国家级实验室中所孵化出的最新成果，都成为安徽通往经济大省、科技大省和文化大省的一步步坚实的台阶……

正是因为有了创新精神，安徽这块土地才没有辜负大自然的恩宠，才开出了艳丽无比的物质文明和精神文明之花，堪与大自然的鬼斧神工相媲美。

"品读·文化安徽"系列丛书，共20册。每册从一个方面或一个领域入手，共同描绘出安徽从古到今不断演化、不断创新、不断发展的巨幅长卷。这20册书摆在眼前，仿佛排开了一个个精美的器皿，里面闪烁的是睿智与深情，是天地的精华与文明的荣光。

请细心地品读，静心地读，然后用心地思索：我们今天该有什么样的创造，才能够匹配这天地的精华，才能延续这文明的荣光？

本丛书在策划、编辑、出版的过程中，得到了省内外许多专家学者的关心和支持，在此对他们表示衷心的感谢。同时，本丛书的部分著作中的若干图片和资料来源于网络，未及向创作者申请授权，祈盼宽谅；恳请有关作者见书后与出版社联系，以便奉寄稿酬及样书。

编委会

2015年10月

二 皖之东

目　　录

后记

一、皖 之 中

（一）老合肥的夜市

为生存忙，为生活忙，为发展忙，为名忙，为利忙，在忙忙碌碌的日子，人们也是需要调整心态的，放松绷紧的神经。于是，会在一个相对宽裕的时间，邀三四好友，在夕阳下，在黄昏里，在月色中，喝着小酒，嚼着花生米，一吐心中的块垒……

这就是合肥的夜市。

那时的夜市主要是在十字街鼓楼桥，从现在的淮河路李府西那里起，经十字街向南，逶迤直到基督教堂附近。名副其实的鼓楼桥斯时既有楼，下面还有桥，不过桥下无河无水，是一座旱桥，此处可谓是市中心，夜市的热闹可想而知；此外还有两处夜市，一在文昌宫广场，一在东门外木滩街，像三孝口的夜市，只能用时间短、规模小来形容了，但那里的卤菜特别好。

文昌宫就在现在的江淮大戏院那块土地上，一直到抗日战争之前，偌大的文昌宫屹立在此，香火缭绕，行人匆匆，那是合肥最热闹的地方之一。

合肥的文昌宫在明朝时就有了，大殿里供奉着文昌星君，神像前并排摆放着几个蒲团，前面是一个香案，前来参拜的人络绎不绝，尤其是到几个传统节日，以及即将举行乡试、会试的前夕，许多人还往旁边的功德箱里投钱，

1

许下心愿。

后来太平军攻进合肥时曾一把火将文昌宫烧毁，后来文昌宫又被修复。在它的门前广场和左右小巷，夜市十分火热，逢年过节，更是"火树银花不夜天"。

鼓楼桥、文昌宫一带在那时就有出售各种花灯的灯市。正月十三日晚花灯彩排，名曰"试灯"。每户都品尝自家用糯米做的圆饼，叫作"试灯粑粑"。十五日晚，万家灯火，彻夜不眠，各路花灯一起走上街头，玩龙灯、舞狮子、踩高跷、演"旱地行舟"等，热闹异常。

旧时代，城乡文化生活都很贫乏。而听大鼓书，乃民间一乐事，夜市一大特色。大鼓书作为曲艺，在集市或乡村到处可以说唱。因大鼓书只说书者一人，道具只有冬鼓、三牙（又称云板）、鼓箭（敲鼓用）、鼓架、醒木（惊堂板）几小件，说书人"身背大鼓走四方"，随处撑起鼓架，左手握云板、右手敲鼓，便可说唱。可是说大鼓书还有许多定律：说唱讲韵律、讲板眼，有节奏，有说（道白）有唱，有快有慢，唱腔有内腔和外腔、内嗓和外嗓，内嗓又有哑嗓和假嗓。唱词通俗，每场三关书，每关一小时，时设悬念，扣人心弦，卖关子收钱，"有钱捧钱场"。大鼓书唱腔优美动听，浅白易懂，民间喜闻乐见，大人小孩都爱听。

木滩街的夜市，源于它的繁华。精明的商人们看中了这块竹木交易市场的"风水宝地"，纷纷在此设立粮行，裕发、得丰、鸿昌等数十家粮行应运而生，木滩街和坝上街连成了一体。鼎盛时期，附近的粮行、油坊、小碾米厂达二三十家。当时的木滩街码头上，仅依靠搬运货物养家糊口的工人就有上千人。他们平时聚集在码头周围，运载货物的船舶一到，把头就会到工人们中间点上需要的人数，随后，码头上空就响起了劳动的号子声。他们把疲惫的心搁浅在夜市……

夜市的主体是卖小吃，如应时上市的鸡汤馄饨、小刀面、五味元宵、牛骨油茶、油炸臭干、火爆白果、荠菜春卷、面藕糖粥、豌豆饼、冻米糊欢团等。其中一些在名称上外观上与今日所售大致相同，唯有在这大同之中却有着精奥微妙的小异：那些东西一入口，便让你顿时吃出它们是合肥的、地道的，真着货，"此味只合庐阳有，世上他乡哪得尝"——就说那小刀面，真正的人工制作，且那面儿不是手揣的揉的，而是拿长木棒坐在屁股底下慢慢捱的。面团捱好切成面条，不仅薄而且软还有韧性，人站在板凳上，扯起任何一根高举过顶，三丈两丈长，飘忽如茧丝，闪烁似绸带，是不会断的。一碗小刀面足称二两，四个铜板，如一两小刀面配上五只馄饨（通常一碗十只），混合而成一份"龙虎斗"，便可花一份钱品尝到两种佳品。

除小食之外，夜市上还分布一些与文化有关的小场景——

三五戏迷欣然相聚，找一宽阔地方，大家以戏会友，徽调、京剧、倒七戏，各献自己拿手活儿，如有帮手，多是二胡伴奏，更多的是自娱自乐。

稍远处也有棋台子，或摆好残局让人推敲，或提供战场让人对弈交锋。棋台两边写有对联，或曰："玉子频敲忘夜水，灯花纷落任更深"；或曰："人心无算处，国手有输时"。

在不显眼处的租书摊，是一排排斜撑着的书架子，一张张又矮又长的木凳子，一溜溜拥挤着的老老少少读者群。书有小画书、连环画，有武侠、言情、历史小说，也有林琴南翻译的《茶花女》和外国小说，甚至还有"五四"以后的新文学作品。

那些游方郎中和自称"上知天文，下知地理"的八卦先生也会穿行其中……

（二）合肥女红

合肥女孩最初的女红操练是从缝"小补丁"开始的。所谓的"补丁"，就是直接将布块缝接在衣衫破漏之处，覆盖于衣衫的表面。"托巴"——不是将补丁覆盖在上，而是托贴在衣衫里面，破漏处只用针线将破毛边收折起来再绞合，多用在衣衫破漏眼不大的地方，不至于破坏衣衫的整体美观。"过肩"——由于肩挑磨损严重，衣衫肩部最易破损，而衣衫肩部不平整，补缀起来特别难。合肥有句俗语"女人挺当（合肥方言：精巧、能干）上天，才会衣衫过肩"。过肩用的布块要大，裁剪时就要考虑背、颈、肩三部分的过渡，缝补后要能服服帖帖。"接插"——衣服穿了几年，人长大了或长胖了，原来的衣服不合身，但也舍不得扔掉，于是就通过接插改小为大、改瘦为肥。接插主要是用缝接新布块的方法对旧衣衫"扩容"，上衣是将身腰加宽和袖口接长，裤子是将裤腰加宽和裤脚接长。节俭的家庭往往一件孩子的衣服要从五六岁一直接插到十五六岁，特别是棉衣裤。"打翻"——是对一些布料比较厚实的衣衫，穿了几年，面子显得"败色"，往往还可以"旧貌换新颜"，将衣衫整体拆分，里外翻个"脸"，或部分翻个"脸"，再依原样缝接，衣服仍是原来的布料，但已变成"新衣"。接插和打翻都是女红中的"高难度"技巧，能胜任此活的不多。

缝补工具也很多，持家妇女几乎都少不了备一个专盛散碎布块、针头线脑的藤编器皿，合肥人俗称"针线篮"。此篮子直径不过40厘米，但里面的"珍藏"却不少，有各种型号的缝衣针、锥子、纽扣、鞋样、剪纸花样、丝棉线团、剪刀、顶针、尺子等，可谓应有尽有。它们成年累月和女性相伴，是女性艰辛劳苦的见证。

做鞋是合肥妇女常年的女红活计，特别是广大农村的一道风景线，在村头、庭院、火盆边，上至白发奶奶，下至豆蔻少女，大家常聚在一起，边拉家常边纳底绱鞋。

鞋垫直接垫入鞋内，有着舒适、保暖、吸汗之功效。合肥民间的鞋垫通常是手工"十字绣"，寓意保佑长寿、步步平安。民间对于鞋垫的钟情，远不止它对人足的保养功用，还凝聚着女性最微妙的情感表达。俗语说："迎新先迎嫁，首看鞋垫花"。合肥民间姑娘出嫁的陪嫁物品中少不了亲手绣的鞋垫。能绣出一手好看鞋垫花的，定是心灵手巧的新娘子，所以年轻少女把纳出缜密精细的鞋垫作为练习"女红"的第一课。男人们喜欢互相炫耀老婆给自己纳的鞋垫花。如今的鞋垫花已成一些地方的特色工艺品走进市场，成为商品。

合肥民间在枕套、帐帘上的绣花主要有喜鹊登梅、鸳鸯戏水、彩蝶双飞、并蒂莲开、富贵牡丹、合和二神仙、观音送子、嫦娥奔月等，寓意浅显通俗。

合肥民间妇女手工做鞋有着悠久的历史传统。后来市场上开始有了鞋店，但手工做鞋仍延续了很长一段时间，这不光为了省钱，更多是为了那份舒适和温馨的传递。特别在广大的农村，妇女为家庭成员做鞋承担的艰辛相当惊人。

洗衣浆衫是合肥民间女性的主要家务。最初的"洗涤剂"是就地取材，用皂角或青灰。洗涤方式通常是先用手搓，一些厚重的衣物则用搓板，合肥俗称"洗衣板"。最后的漂洗合肥俗称"汰（方言读 dai）衣服"，是在河边或井边，主要是冲洗污水，漂清衣物。少不了的工具是"棒槌"，通过捶打衣物，把浸染的洗涤剂挤压出去。塘边"汰衣服"是合肥民间一道最动人的女性风景，女人的精干洒脱、婀娜妩媚尽显无遗，许多民歌民谣都给予了吟唱和赞美。

（三）合肥的声音

在合肥宽阔得不可思议的街道上，大小车辆不停地驶过，犹如惊涛拍岸。车轮与地面摩擦的沙沙声一波未平一波又起，直到晚上入睡时，这声音还不断地在梦境里回响。

风从他方刮起来虽然无形，却仿佛有结实的体积与质感。这风撼动着道旁的梧桐树和包河的柳树，树的顶端像做早操似的大幅度弯曲，几乎要折断了。树叶交错着、摩擦着，发出一片簌簌的声音。这声音在别处很难听到，别处可能没有合肥这样密集的树木，也没有那样强劲的风。

听合肥人说话是很有趣的事情。譬如公交车报站，那一长串夹杂着广告的说辞，没有停顿、不加标点地从她们嘴巴里蹦出来的时候，却让人一头雾水。于是人们便"鸡—滋，喜—死"地窃窃私语，还没弄明白呢，就说完了，下一站又叽里咕噜地继续。

合肥传统的商业广告主要有两种形态，一是以色彩、造型等视觉标识播布信息的招幌，一是通过有声语言和器乐音响招徕顾客的市声。商家根据经营方式和商品特点，或采用前者，或采用后者，或两者兼用，灵活自如。

透过这种独具风采韵味的招徕市声，人们仿佛置身于充满乡土情思而别有洞天的风俗画长卷之中，获得一种天籁境趣的享受。

最原始的叫卖吆喝是个什么样的情景，尽管凭现实生活经验可以想见得到，但却缺乏实证和文字记载。

不过，自明清以来，记载各种叫卖吆喝市声的文献多了起来，既有文字的，也有绘画的。俗话说卖什么吆喝什么，那些大街小巷的吆喝声是可以分出腔调的，有高有低，有音有韵，犹如唱民间曲调一般。

老合肥陈频回忆道：20世纪中叶，合肥乡下人进城都是起早摸黑，他们不是卖货就是购物。

卖鸡卖鸭的，大多采用肩挑，花篮里装满鸡鸭，蒙上网兜，用一根长扁担挑着，忽闪闪的，颤悠悠，那"吱留吱留"的声响掺杂着鸡鸭的叫声，似乎是合肥最早的市声；卖大豆、绿豆之类的大多是用板车来拉，男人在前弓腰前行，女人在后使劲推，车轮转动，吱呀声起，于是道路上便留下了深深的车辙。

民间寒冬防皴，小孩子们搽歪歪油（蛤蜊油），俗称螺蛳油，大人们搽雪花膏。合肥卖雪花膏的人很注意制造声势。在他们动步之时，也是洋鼓敲响之始，用红绸子包着的小槌，一次次落下，"咚咚"声一时间传遍四方，妇女们"闻鼓而动"，瞬间，张大嫂、李小妹，叽叽喳喳地纷纷来到挑子面前。这时卖雪花膏的人"咚咚咚"的洋鼓比先前敲得更响了。

那些卖日杂的，长长的扁担挑着一副担子，嘴里喊着"鸡肫皮—牙膏袋，拿来换糖吃"，手里摇着拨浪鼓，一群孩子总是打打闹闹地追随着、叫嚷着……

而卖芝麻糖饼子的叫声更为诱人。叫卖者大多为未成年的男孩子，标准的男子腔。在烈日下，挎在脖子上的匾筐里整齐地摆放着粘满芝麻的糖饼子。他们边走边喊："芝麻——糖饼子！"高高的，婉转而绵长，"芝麻——糖饼子"低婉而清晰，似是第一句的回声。一声声高扬街外，一声声回荡巷中，宛如充满磁性的男声独唱，怪有味的。

卖绿豆圆子，一副担子挑着全部经营的家当，一头放着锅灶、油盐酱醋，一头放着柴炭，葱蒜薤韭。担子一放，他们便不时地用吹火筒吹旺炉火，并不时地直起腰大声吆喝："绿豆圆子！"四个字，字字重音，连成一体。粗犷、雄浑，着实给人一种响遏行云、不可阻挡的感觉。因为是早晨，或是晚上，那一声声传得就越发很远很远。

老合肥卖棒冰，凭借自己洪亮的嗓音招徕顾客。"香蕉冰棒——"声音高上去；"奶油冰棒——"声音低下来。快慢缓疾，有高有低，掌握得出神入化。细细听来，真的有几分天籁。

至于"五香烀蚕豆""糖包大馍""盐茶蛋"之类的叫卖声，也都各具特色。若能够把这些高高低低、粗粗细细、长长短短的叫卖声汇集到一起加以整理，那一定是一曲震撼人们心灵的原生态大合唱。

合肥老城在小巷的中间，或大院的一隅，有青石打造的井栏，不高不低地围着一口小井，上午十点钟以后，是井台最热闹的时候。洗衣服的大姑娘，挽起袖子，卷着裤管，大木盆端在腰杆处，小吊桶提在大腿边，脚上一双"撒踏板"，不住地敲打出急促的声响。淘米洗菜的小媳妇，刘海勾画出成熟，围腰裙勒出丰满，一声声亲热的招呼，换来了一张张灿烂的笑脸。转眼工夫，黄亮亮的大木盆，翠生生的菜篮子，白净净的米筲箩，摆满了井台四周。

那位身板硬朗的女人，三下五除二地吊起一桶桶水，给这家洗菜的奶奶盆里倒满水，为那家淘米的小妹筲箩淋两遍。一阵感谢，激起一串爽朗的笑声。年轻的姑娘爱唱歌，亮起嗓子跟着棒槌的节奏，以"倒七戏"的腔调，先哼一段《休丁香》再唱一曲《秦雪梅观画》，棒槌起落，水花飞溅，姑娘们的脸蛋都变成了欲放的花儿。搓衣服，更搓出了家长里短：赵家媳妇多贤惠，钱家的大哥真能干，孙家儿子上大学，周家姑娘嫁外地。一大盆衣服搓完了，一肚子话儿没倒尽。

合肥的艺人说鼓书，虽然是个个声嘶力竭，却也是人人声情并茂；合肥的老百姓听鼓书，虽不说走火入魔，却也是废寝忘食。那附和声、叫骂声有时盖过说书人声嘶力竭的说唱声……

说书，为的是生计，一件掉了色的蓝布长衫，一顶卷了檐的大礼帽，一张饱经风霜的老脸，一副沙哑沉浑的嗓门，还有那一身永远不会疲惫的精气神。

听书，寻的是个消遣。那年头的城里人、乡下人，干完自己的营生之后，确实没个好去处。好歹这听书可以随到随听，"花钱不多，听得开心"，老百姓在获得愉悦的同时，还真的学到不少历史知识。

与此相似的就是在春节期间或农闲时，合肥流行唱戏，就是庐剧，它那具有浓厚乡情土味的唱腔，常使远游的客子潸然泪下，顿生乡恋，令那些孤男寡女心旌飞扬……

这种种吆喝构成合肥特有的风俗，特有的民风，长久地留在人们的记忆里。

（四）庐剧：戏里故事　戏外人生

在我们老家的农村大地上，看戏是老百姓最喜闻乐见的娱乐方式。每年的农闲时节，或者赶上村里族人有重大活动的时候，一般都会请剧团来村里搭台唱戏，少则三两天，多则十天半月，唱的是一本两本的传统剧目（一本戏往往就能唱几天），演出的是流行于江淮之间的庐剧，村中男女老幼，都会集聚在村里的空场地上，看生旦净末丑，听唱念做打功，戏里故事，戏外人生，蔓延成乡村漫长的时光。

我隐约还记得那时的一些有名的剧目：《包公案》《休丁香》《老先生讨学钱》什么的，也曾喜欢过一些像《秦雪梅观画》《十八里相送》等经典的唱段。但总体上，我们都似乎是不太喜欢的，我嫌它的唱腔总是过于悲悲戚戚，不像黄梅那样的轻丽明快，有着芳草一样的气息。

庐剧是一个乡土气息很浓的剧种，流行在以合肥为中心的皖西至皖东一带。在民间，庐剧被称作"倒七戏"，是安徽省主要的剧种之一。它是在皖西大别山一带的山歌、合肥门歌、巢湖民歌、淮河一带的花灯歌舞的基础上，吸收锣鼓书、端公戏、嗨子戏的唱腔发展而成的。因其创作、演出中心在皖中一带，古属庐州管辖，所以，在1955年3月定名时，经安徽省委宣传部批准，才正式将"倒七戏"改名为"庐剧"。

庐剧流行的区域以合肥为中心并向四周辐射，东到巢湖，西至六安，南接芜湖，北连淮南、滁州一带，正处在安徽省中部的腰腹地带。南与清新的黄梅戏、古朴的徽剧流行区域相接；北与高亢、悠扬的梆子、泗州戏为邻。

处于南北两大戏曲剧种交汇的中间地带，因而它没有明显的剧种风格归属。

庐剧演出

庐剧的确切形成年代，目前尚无定论，但从其历史上的记录来看，距今至少已有 130 多年历史。1980 年，在安徽省巢湖市炯炀镇发现了一块"炯炀河禁戏碑"，上面刻着清同治七年（1868）巢县知事陈炳所立《正堂陈示》文。碑文写道："近倒七戏名目，淫词丑态，最易摇荡人心，关系风化不浅。嗣后，如有再演此戏者，绅董与地保亦宜禀案本县捉拿，定将此写戏、点戏与班首人等，一并枷仗。"由此可推知，庐剧形成的历史应当早于 1868 年，至少也有近 200 年的历史了。而从碑文中也可以看出，在庐剧漫长的历史发展中，基本上处于禁演、受迫害的状态。但同时也说明了当年的庐剧——"倒七戏"在民间的流行，甚至达到了"最易摇荡人心"，而"关系风化不浅"的程度，"逼"得当时的官府不得不勒石禁演，可见其影响之大。

庐剧在安徽因地域不同，形成了上、中、下三路，即 3 个流派。上路（西路），以六安为中心，音乐粗犷高亢，跌宕起伏，具有山区特色。下路（东路），以芜湖为中心，音乐清秀婉转，细腻平和，具有水乡特色。中路以合肥为中心，音乐兼有上路、下路两地特色，比较朴实，有着浓郁的乡土气息。

9

庐剧的传统剧目分为小戏、折戏、本戏三类近 300 出，如今已形成《双丝带》《借罗衣》《讨学钱》《打芦花》《休丁香》《秦雪梅》等经典曲目，它的唱腔分主调和花腔两个部分。主调有"二凉""寒腔""三七""正调""衰调""丑调"等，长于叙事，也可抒情，适合表现较复杂的戏剧感情。

新中国成立后的 50 年代，庐剧也如那个火红的年代一样，充满着生机和朝气。那是个值得回忆的美好年代！1957 年安徽省庐剧团赴京汇报演出了《休丁香》《借罗衣》《讨学钱》等，赢得首都各界的好评。并在北京中南海怀仁堂为毛泽东、刘少奇、周恩来等中央首长演出，受到中央领导的接见。后来，毛泽东来合肥巡察时，还在他下榻的"稻香楼宾馆"看了一场带有那个时代烙印的新编庐剧《牛郎织女笑开颜》。可见庐剧在这一时期的辉煌。

庐剧是民间小戏、乡土艺术，只有来自民间、面向民间，才是它的生命所在！就像庐剧演员丁玉兰所说的那样："庐剧是合肥人的本土艺术，就像人人爱吃的咸鸭子骨头一样，越嚼越有味。"

（五）合肥城隍庙会

合肥，安徽省省会，位于我国中部，长江淮河之间、巢湖之滨，通过南淝河通江达海，具有承东启西、接连中原、贯通南北的重要区位优势，是全省政治、经济、文化、信息、金融和商贸中心，也是全国重要的科研教育基地。

合肥是一座具有 2000 多年历史的古城，秦时置县，隋至明清时，一直是庐州府治所，故称"庐州"，又名"庐阳"。自然环境优美，名胜古迹甚多，传统文化彰显地域魅力，庙会更具特色。

其中合肥的城隍庙会尤为可观，不仅是群众文化娱乐活动的盛会，是民间文艺大会演，为民间文艺的继承发展提供了一个良好的机会，也是商品的集散地。

　　城隍庙，每一个有历史的城市都有，它寄托了城市灵魂的皈依和民俗文化的彰显，逐渐成为庙会的一大重要平台和亮点。合肥的城隍庙，和别处有些不同。

合肥城隍庙

　　在合肥的历史上，曾建有两座城隍庙。其中一个是合肥县城隍庙，旧址在今天省立医院的东大院内，抗战期间因为遭受严重破坏，久已废毁。另一处是庐州府城隍庙，就是今天这个位于霍邱路的依然香烟缭绕、牵动着几代人记忆神经的城隍庙了。

　　"城隍"，在传说里原是守护城池的神，后来被封建统治者抬举为管辖十殿阎王，负责赏罚人间善恶。因为朝廷下令全国府、县两级行政区都必须建立城隍庙，所以合肥也就相应修建了府、县两座城隍庙。

　　据当年立于庙内的《庐州城隍庙记》的碑文记载：此庙建于北宋皇祐三年（1051），至清代咸丰四年（1854），太平军攻打合肥时，毁于战火。同治十年（1871），地方官筹款重建大殿三间、官厅三间、门头一座，后因经费缺乏，中途停工。过了数年之后，才由李鸿章三弟李鹤章出面募捐，于光绪五年（1879）修建完工。

11

　　民间记载，在修建府城隍庙时，李鸿章曾多次过问和支持。一是戏楼是按他的吩咐，仿照北京颐和园的戏楼样式建成。二是他由北京调来一批雕塑高手为庙内的神鬼造像。当时，府城隍庙建设恢宏，鬼神造型栩栩如生，富有人间百态。特别是80多岁的领班张大爷亲手雕刻的城隍老爷塑像，手一拉就能站起，人称绝活。还有他塑的一匹白马，立于山门外的西边走廊之上，右蹄微扬，尾巴翘起，好似正在奔驰，生动传神。因此，民间附会传说，这匹神马每到夜深，就离开城隍庙，奔大街、穿小巷，为百姓驱灾除害。雄鸡一唱，它又立即奔回原处。有些人诉说听过神马夜半的嘚嘚蹄声，看到它清晨浑身淌着的汗水。这当然是人们的善良愿望，也说明了塑马匠人的手艺高超。

　　城隍出巡，那可是轰动全城的宗教大事，连四面八方的农民也赶进城来看热闹。当时的盛况：队伍于清晨从城隍庙出发，先导的是身高丈余的黑刹神（肚里有人架着），接着是白无常、黑无常和牛头、马面、判官、鬼卒打着各色旗帜，在锣鼓、礼炮声中前进。随后是红衣香、板凳香、苦肉香的队伍。那烧苦肉香的两颊穿透一根钢针，两端各挂一只小香炉，烧香期间不能吃饭，只能喝点稀汁。还有用钢钩刺进膀上、背上，挂着小香炉，烧着袅袅檀香，为父母祈寿。再后是高跷队、道士组成的乐队等。最高潮是大锣开道，穿着古装的衙役、捕快、刽子手，举着"肃静""回避"的虎头牌，一路吆喝簇拥着城隍老爷和城隍娘娘的两顶八抬大轿，一前一后地缓缓前进。殿后是道教的居士和信士弟子。出巡队伍由三孝口经今天的长江中路，转至今天的淮河路，到达卫衙大关（今霍邱路原省民政厅办公大楼一带），开坛诵经，举行赈济饿鬼、超度野魂仪式，结束散会。

　　合肥城隍庙曾有城隍老爷赴"三巡""四会"习俗。

　　朱元璋初做皇帝的时候，曾经下过一道圣旨，在每年的清明节、中元节（鬼节）和城隍的诞生日（庐州府城隍诞辰为农历七月二十九），城隍老爷都必须要出巡人世，并且为孤魂野鬼超度，谓"三巡"。

　　所谓"四会"，即春节期间和城隍"三巡会"日，一共四次，合肥城内的大小官员、善男信女，都要到庙里来拈香、礼拜。戏楼则由戏班演出连台《目连救母》《秦香莲》等地方小戏。还有地方杂耍、民间工艺的展示和叫卖，一些小商小贩也闻风而至，叫卖零食、小吃和纸花、针线、碎布等小商品，形成热闹的庙会市场。清末有一首咏《城隍庙》诗："城隍庙内去烧香，百戏纷呈在两廊。礼拜回头多购物，此来彼往掷钱忙。"

（六）马政娘娘庙会

自古以来，合肥地区物产丰富，水陆交通便捷，在城乡集镇中形成定时定点的市集交易。而庙会承袭了一些古老的市场贸易习俗色彩，只是许多已经消失在历史的长河中了。

马政娘娘庙是老百姓的称呼，正式名称应该叫马政寺，位于肥东西北25千米的众兴乡境内。曾经占地80亩，是庐州地区最大的寺院。

相传马政寺始建于明代，为祭祀明太祖之妻马政娘娘而建。据碑文记载，该寺清时重建，时有三进，延以回廊，光以色墙，浮雕四壁，庙貌巍峨。一度香火旺盛。

据说清代钦差大臣龚照瑷出使英、法、俄之前许愿，归来重建。寺院又因日军侵华、"文化大革命"等几度被毁，地方民众几度恢复。近年来，有商家斥资兴建，可谓规模宏大。庙会期间，香客达数万人之多，鼎盛的香火使整个寺庙建筑群笼罩在烟雾之中。

马政娘娘传统庙会为每年农历三月初三，每月十五为敬香期。庙会期间祭祀、歌舞、马戏及各类民间杂艺云集于此，集中展示。马政娘娘庙会在重塑社会公德、端正人心品行、纠正社会风气、化解暴戾之风等方面，也发挥出了独特的社会作用。

近年来，随着庙会影响的扩大，庙会存在已被更多的人接受，马政寺也得到了修缮。最大的变化是新建一座大殿，气势宏伟，重脊高檐，虽不是雕梁画栋，建筑也算是富丽堂皇了。二楼殿堂显得高大空旷，目前只放有两尊塑像，西头的便是马娘娘的泥塑坐像。

合肥地区以庙会为传统的集市形式由来已久，各地均有独特风格的庙会，其表现形态不一。有祭祀神灵为主的庙会集市，有与生产有关的庙会集市，也有从庙会习俗演变而来的书市、物资交流会等。一般较大的庙会在农闲季节举行，少则一日，多则七天。庙会期间，庙内烟火缭绕、锣鼓喧天。庙外各路行商小贩叫卖生产生活资料、文化娱乐用品、南北货、当地土特产等。成千上万的人乘船、步行，从四面八方涌向庙会，庙会成为人们生活中的盛大节日。

马政娘娘庙会热闹异常，书坊画摊、江湖杂耍、风味饮食、医卜星相，构成了热闹非凡的玄妙观集市。富有特色风味的吃食店最多，小吃品种繁多：有小米子糖、凉粉、藕粉、千张百叶、酒酿圆子、豆腐花、糖粥、梅花糕、海棠糕、焙酥豆、鸡鸭血汤、五香茶叶蛋、素焦面、肉丝面、小笼包子、锅贴、馄饨、汤团等等，游客选食，各取所需。卖零食的提篮小贩，川流不息地在游客中走动，热情招待顾客。算命、相面、测字、占卜之人打着"赛诸葛""小神仙"的招牌，自称"能知过去未来，善断吉凶祸福"，招徕善男信女，骗取钱财。江湖郎中则打着"家传祖方"的标志，为游客治病。总之，旧时的斋醮祀神、烧香拜佛的庙会活动，为买卖提供了兴盛的财源，成为合肥集市的一种传统形式。

有集市就有吆喝，合肥人曰叫卖声，庙会也不例外。

叫卖中不仅突出优质，还喊出价廉的特点，向顾客表明可以买到价廉物美的商品。如卖五香茶叶蛋的叫唱："贱卖，五香茶叶蛋。"卖芝麻糖饼子的叫声最为悠扬，叫卖者大多为未成年的男孩子，标准的童子腔。他们在烈日下，光着头、赤着脚，把比筛子还要大的篾篮子平端在胸前，一根 V 字形的布带子跨过脖子，拴着匾子的两侧。匾子里整齐地摆放着粘满着芝麻的糖饼子。

他们一边走一边喊："芝麻——糖饼子"！高高的，婉转而悠长；"芝麻——糖饼子"，低回而清晰，似是第一句的回声。一声声高扬街外，一声声回荡巷中，宛如童声独唱。

卖棒冰的，凭借自己洪亮的嗓音招徕顾客。"香蕉棒冰——"声音高上去；"奶油棒冰——"声音低下来。高低起伏，抑扬顿挫。

叫卖声因地区的差异，也带有地方的特点。

叫卖声还包括各种传承的打击声，起引诱和召唤顾客的作用。如货郎担摇皮鼓，铜匠担晃铜串，糖粥担打竹棒，算命打鼓敲小锣，收废品摇铃，卖棒冰的敲木箱等等。上述不同的打击声，不仅作用于人们的视听，而且表明买卖不同的商品，是一种有效的音响宣传。

而以打击声作为商业标识，在一些店铺中也很流行。每当生意清淡，或拍卖商品，坐商雇来一班乐队，日夜吹打，吸引顾客，作为市场标识仍在商品交换中发挥作用。

（七） 画出清明别样天

清明在农历三月，此时合肥恰值暮春，天气晴朗，空气洁净，树木回春，万物萌发，民间谓之："清明"。

清明，在我小时候给我留下的印象就是，焚香祭祖、烧纸钱，老一辈的人都是特别的重视。但是这些年来，我们对清明节的认识渐渐开始有些模糊了，很多问题和疑问也越来越多，比如说，清明是怎么来的、为什么要过清明、清明的习俗都有哪些、我们到底应该怎么过清明，等等，这些都是问题。

清明节不仅仅是祭祀祖先，它其实有非常丰富的文化内涵，而合肥地区更是有着自己的特色。清明节不仅是缅怀之日，也是欢乐之日。除了祭祀祖先、追古行孝外，还有更多的文化民俗，如荡秋千、放风筝、插柳等等，感受自然，放飞心情。

"清明不戴柳，红颜变皓首；清明不戴柳，死后变黄狗"，是在民间流传甚广的民谚。清明时节，天气乍暖还寒，已是郊游的好时光，就在人们一家大小都在山间游乐时，也会顺手折支柳枝戴在头上。其实，踏青插柳折射出社会境况，那就是太平盛世，百姓安居乐业，才会有闲情逸致在春光中踏青折柳。

现在的清明节，城市人戴柳并不多见，但在乡村，还承袭着这一习俗。在农村，儿童们以柳条制成圈戴在头上，也喜欢用嫩绿的柳枝拧下皮筒，做支音声俱佳的柳笛吹玩。由于"清明"与"聪明"谐音，民间把此日生的孩子称为"聪明儿"，并有抱婴儿向邻里乞讨"清明团"的习俗，说是"讨聪明","讨了聪明"的孩子最聪明。

"清明插柳"有三种说法。其一是说源于黄巢起义时为保护老百姓而成俗，其二是说源于唐高宗赐百官郊游戴柳防蜂叮而成俗。在民间另有一说，就是纪念柳永。柳永作词旖旎多情，教坊歌伎素来喜欢唱柳词，柳永死后，每逢清明歌伎多往墓前致祭，祭罢则折路边柳枝插在头上，渐成一俗。清明插柳，演变成现在的"植树节"。

在合肥民间，清明节有"荡秋千"的习俗。"荡千秋"既可锻炼身体，增强身心健康和心理平衡功能，还能够培养人的勇敢品质。此俗源自古人攀藤上树采食物，现"荡秋千"老少皆宜，深受城乡人民喜爱。

而放风筝，据传在《墨子·鲁问》中就有记载："公输子削竹木以为鹊，成而飞之，三日不下。"一般认为，这就是风筝的起源。"任你走到天涯海角，异土之邦，故乡都放一根风筝线牵肚挂肠，朝朝暮暮在收拢你的记忆和梦魂"。放风筝的象征意义在这里得到了极大的渲染。而放风筝的习俗汉代就有，到清朝的时候清明节给这个习俗赋予了更多的意义，有些身在异地无法回乡祭祖的人就放风筝，然后把风筝线剪断，让风筝随风飞，对远方逝去的亲人寄托哀思，也象征可以除病消灾。

"满街杨柳绿丝烟，画出清明二月天"，"梨花风起正清明，游子寻春半出城"。诗人笔下的清明节更是缤纷异常，其实，清明节作为传统节日，自诞生始就成为民族文化的载体，由于其喜闻乐见、全民参与的特点，决定了它在弘扬民族文化中有着无可替代的重要作用。

合肥地处江淮之间，清明节的风俗和全国大同小异。清明节同样是祭祀，但合肥一般是清明节前三天、后三天都可以上坟，且是在午后，而现在已经改到上午了。在20世纪80年代，记得在清明节前几天，男性长辈就带着小孩，扛着铁锹、锄头、木锨，挑着担子，刨出一些带着草皮的硬土块，挑到坟地，把坟修饰一新，再加一个"坟帽子"，也就是挖两块小土块放坟上，中间还要加张红纸，俗称"鬼联"。父辈告诉我们这是追根思源、借表孝忱的意思。

合肥地区还有两个全国少见的习俗，其一，清明上坟孕妇不去，看似是对孕妇的歧视，其实是对孕妇的一种保护，因为上坟途中人多，小路不好走，对孕妇来说有危险；其二，上坟回来，在遇到的三岔路口和十字路口都要烧纸钱，主要是烧给孤魂野鬼，让他们不至于太冷落。凸显了人们的同情心，和关爱弱势群体的本性。

清明节的由来，已经注定了它的文化内涵：感恩、行孝，所以在祭祀时，应该缅怀先人、教化后人，先人值得骄傲的地方，后人应该学习。但现代人的清明节，都是匆忙开车或打车上坟，再匆忙回来上班，已忽视了它的内涵，热衷于形式。

清明节，我们应该去重温一下民俗传统，感受自然，学会感恩。春天里，就应该出去运动运动，领略人与自然的和谐。

（八）端午粽子香

合肥民间有一首民谣生动地描绘了人们过端午节的热闹场面："粽子香，香厨房。艾叶香，香满堂。桃枝插在大门上，出门一望麦儿黄。这儿端阳，那儿端阳，处处都端阳。"

端午节是我国传统节日中两大纪念节（另一为寒食节）之一，又称端阳节、天长节、端午节、五月节，最早始于周代，最初是古代长江流域百越族的图腾祭祀节。百越族以龙作为他们的图腾，把龙看作是他们的祖先和保护神，对其无限崇拜。每年五月初五都要举行隆重的祭祀活动。届时，这些龙的传人将各种食物装入竹筒中或裹在树叶里，抛入江中以供龙享用；同时，还进行划独木舟的比赛，以此象征他们如龙腾蛟飞，兴旺昌盛。此后，历代沿袭下来，端午节也随着中国各民族的融合统一，逐渐演变成整个中华民族的重要节日。

历代文人墨客都有在端午咏颂屈原的诗句。唐代诗人文秀的《端午》诗，可谓代表作：

节分端午自谁言，万古传闻为屈原。
堪笑楚江空渺渺，不能洗得直臣冤。

17

由于人们把端午节看作是纪念屈原的日子，所以节日里的一系列活动大多与纪念屈原有关。有关端午的仪俗活动很多，主要有赛龙舟、吃粽子、悬艾和菖蒲等。端午节的风俗活动，又随着历史的推进和朝代的变更，逐渐添进了不少新的内容，如饮雄黄酒、戴香包等。

对小儿来说，过端午节还有一种习俗，就是编虎头形铜钱，挂在小儿胸前，称作"老虎头"；还有给小肚兜上绣虎形，称作"老虎肚兜"，以示其威猛，还可辟邪。

赛龙舟，又叫龙舟竞渡，是我国一项历史悠久的水上竞技活动。早在春秋时的越王勾践时代，就有了这种水上活动。在水乡三河，每到端午时节，皆有龙舟竞渡的盛会。届时，人们倾家出动，争相观看。唐代诗人张建封的《竞渡歌》对1000多年前的竞渡情景作了生动描写："鼓声三下红旗开，两龙跃出浮水来……鼓声渐急标将近，两龙望标目如瞬。"

据老人回忆，每逢端午佳节，都要举行隆重的竞渡仪式。当此之时，万人空巷，争相观赏。人们身着新装，点着蜡烛，绕船走三圈，叫"亮灯"，意思是祭鲁班。然后点着蜡烛，到屈子庙朝拜，抬着龙头祭庙，最后挂红下水开始龙舟比赛。比赛分几组进行，分别为青龙舟、黄龙舟、白龙舟等。舟上的旌旗、罗伞和划手穿的服装都配成同一种颜色。是时，一声炮响，船似箭发，争先恐后驶向终点。两岸鞭炮齐鸣、万众欢呼，十分热闹。比赛以最先到达终点者为优胜。比赛时，规定有赛龙场、比赛路线、划定起点和终点，还进行编组、编号和选定负责人。各地龙舟的身长、雕饰都不相同。有的地区的龙舟，最长有11丈5尺，短的也有7丈多，划动时如游龙戏水；有的龙舟，船首雕刻有龙，口能开合，舌能转动，栩栩如生。关于龙舟竞渡，过去曾盛行夺标，在终点设有投标船。当竞渡的龙舟到达终点时，投标船将标投入水中，让各船争夺，煞是好看。

粽子，古称"黏蜀""角黍"。据考证，吃粽子并非只在端午。夏至日也有吃粽子的习惯，"盖取其阴阳尚相裹，未分散之时象也"。

然而吃粽子是端午节特有的风俗。据记载：汉代在端午节前一天包粽子，端午节时吃。当时吃粽子并没有特殊的意义，只是作为一种节令食品。俗有"食过五月粽，寒衣收入笼""未食五月粽，寒衣不敢送"的谚语。端午节吃粽子，说明时序已转入夏季，人们即将换上夏装。

民间端午节有吃"五黄"的食俗。"五黄"指黄鳝、黄鱼、黄瓜、咸蛋黄及雄黄酒。雄黄酒是把雄黄研成末和酒，此酒具有消毒作用。民间有"早端午，晚中秋"的谚语，古人认为晨属龙，晨时正是群龙行雨之时，所以在端午节早晨备雄黄酒以饮宴祈雨，希望有个风调雨顺、五谷丰登的好年景。有的地方在端午清晨，人们还喜欢将雄黄酒或雄黄水洒到院子里，涂在小孩耳、鼻、头额和面颊上，以避驱毒虫、蚊蝇叮咬及瘟疫毒气。至于雄黄酒的功效，在我国还流传着脍炙人口的神话故事。《白蛇传》记：五月初五，许仙设雄黄酒与爱妻白娘子饮宴，共度端午良宵，蛇精白娘子因饮了雄黄药酒后原形毕露，许仙见了被吓得魂不附体，气息奄奄，险些丧命。事后，方知朝夕相处的妻子原来是一条白蛇精变化的美女。雄黄药酒实际上并没有这样大的"神威"。不过人们把房子打扫干净，在房内特别是食物贮藏室、厨房洒上雄黄水，确能杀死或防止毒虫，起到消灭病菌的作用。

悬艾和菖蒲也是端午节活动的重要内容。合肥民间有"清时插柳、端午插艾"的谚语。每逢农历五月五日，日出之前，人们成群结队到野外采艾或菖蒲，带回家悬在门上，叫作"插艾""悬菖蒲"。有人用菖蒲和艾一起悬在门上，也有人用它刻作"小人儿""小葫芦"等小玩意儿，用五彩线做成装饰品，或拴在小孩的脖子上，佩戴身上以辟邪。据宋人陈元靓《岁时杂记》说，当时人们把艾草剪成虎形，插在头发上，也有用绒制成的。有的人剪彩绸为小虎形，粘上艾叶，佩在胸前，称为"艾虎"。到明代，人们开始用菖蒲泡酒。冯梦龙《警世通言》卷七中说："色中角黍分边角，彩丝剪就交绒索。樽俎泛菖蒲，年年五月初。"

艾与菖蒲中都含有芳香油，因而可当作杀虫防治农作物病虫害的农药。端午期间，时近夏至，天气转热，空气潮湿，蚊虫开始滋生繁殖，疫病增多。古时，人们缺乏科学观念，误以为疾病皆由鬼邪作祟而至，故节日一早便将艾蒿、菖蒲扎成人形，悬挂在门前，用以驱鬼禳邪。实际上，真正起到净化空气、驱虫祛瘟作用的，还是两草的香气。

端午节还有"游百病""斗百草""佩香囊""系长命缕"等习俗。

（九）合肥上梁记

在乡下，我们的父辈喜欢和熟识的人有一句无一句地拉家常，或坐在家中，白酒一杯，即使没有什么下酒的菜肴，也能有滋有味地享受着独饮的乐趣，其实，他们是沉浸在家的幸福里。

家，不仅是那黄土垒成的遮风避雨的小屋，家更是老婆、孩子、热炕头，还有屋里那堆放着的粮食，俗称"口粮"。

记得在乡村建房是一个人一辈子的大事，甚至是几辈人的梦想。因为，只有建了住房，人们的生老病死、娶妻生子才有了依托，而当孩子们成家时，首要的是拥有自己的居室，另起炉灶，预示着又一代生命的开始……

在整个建房中，上梁之日，是最热闹最难忘也是最精彩的一天。这天，亲朋好友会送来糕点、烟、酒、红布或被面礼品，前来贺喜。上梁之时，鞭炮齐鸣、糖果撒地，司礼的人唱道：三星落地晓星高，今天上梁时辰好。东家选择黄道日，黄金屋上吉星照。村前村后的大人小孩都会前来哄抢糖果，一派热闹喜庆的气氛，令人心花怒放。

合肥地区在撒糖果时，夹杂一些小铁钉，谓"棺材钉"，谐音东家官运亨通、财源滚滚、人丁兴旺之寓意，据说这是合肥周边特有的习俗。

上梁非常有讲究，头天晚上必须将二桁以下的房梁安好。上梁必须趁日出之前，斯时，脊桁两端缠着红布条，红布条上写着吉祥美好的词语，脊桁披红挂彩，用两根新绳抬上屋脊，当斧头、钉锤、瓦刀等发出清脆协调的叮当声时，一轮红日从东方冉冉升起……

据民俗学研究者邓智源回忆，江淮地区在 20 世纪 70 年代之前，也就是尚未兴建平屋以前，建房时，在二桁上悬挂一组长达 1.2 至 1.5 米的红布（纸）条幅，上书祈福心愿语：一炷香烟达上苍，二支明烛照千祥，三教福神常保佑，四时八节得安康，五谷丰登年成好，六畜兴旺大吉昌，七星高照平安宅，八百老者福寿长。

民间上梁的礼俗，凝结着人们的心理和祈愿，也是社会现实的一种折射。

现在很多人不知道这些习俗，可见民俗文化正在离我们而去，然而，越是离我们远去的东西，仿佛就越珍贵，越是值得我们去追寻……

（十）合肥人说"相"

合肥的文化形成于江淮大地，合肥人的口语与孕育它的自然风貌、人文环境紧连在一起，沉淀着合肥的历史，和各个时代大量的文化、民俗因素。

在合肥民间的口语中，十分讲究相。什么叫相？按照字面上的解释，就是容貌、形态、样子，但实际上并不如此简单，有着非常丰富的内涵，如"坐有坐相，站有站相，睡有睡相"，即所谓"坐如钟，站如松，睡如弓"，大概就是这种范式的标本，即"标准相"吧。记得在我们小的时候，即受此"相"的约束。那时我们刚上学，下课铃一响，就会和要好的同学勾肩搭背、推推搡搡地往家跑，一到家就趴在板凳上写字，腿翘着、头歪着。被父母发现准会说：从小站没站相、坐没坐相，长大肯定没有出息，还不快坐好。这也许就是民间文化的力量，潜移默化式，让人在不知不觉中受到熏陶。

合肥人在看到一个人天庭饱满、面容安详、大耳垂轮时，就说他"福相"，看到一个人仪态端正、气宇轩昂，就说他"官相"。"相"是用来表示一个人的容颜、相貌，这是相的本义吧。如人长得秀丽，叫"秀气相"，反之叫"粗相""丑相"；长得甜美叫"甜相"；长得消瘦叫"瘦相"，与之相对的叫"胖相"。如一个小孩子长得相貌端正，又听话乖巧讨人喜欢，人们就会夸赞他长得"攒相"。

对于"相"用来表示相貌，记得有一个告诫人们不要溜须拍马的故事。相传唐肃宗李亨执政时，张榜招募天下贤良之士。在诏书发布不久，就有一位来自咱们合肥东乡的贤士前去应征。唐肃宗非常高兴，把他召进宫来，让他回答几个治国安邦的对策，谁知这位自称贤士的人半天也说不出个一二来，只是一而再、再而三地在李亨的脸上来回看，过了好一会儿，才十分恭敬地对肃宗说："陛下，微臣有了一个新发现，您可知道？"肃宗说："不知道啊，有何发现？"贤士接着说："我发现陛下比在灵武登基时的那阵子瘦多了呀！"

肃宗听了他的话十分扫兴，只好说："这只不过是我日夜操劳国家大事的缘故罢了。"满朝文武看着贤士的举动，都不禁哈哈大笑起来，肃宗也知道这人只不过是一个投机之人，本想不授予他什么官职，但又担心这样会堵塞天下贤士应征之路，于是就叫他做了一个县令，但大家背后都叫他"相面县令"。对于此类故事，在我们日常生活中也存在。

如一次文友相聚，一个已退休的领导因邀参加，大家不免要恭维他几句。不料有一位同志不知他已退休，就说："您红光满面，精神好。"领导一听，微笑着，他一见接着又说："您虽然有几根白发，但看不出你的实际年龄，估计不超过48岁……"这位领导一听，脸色一变：你说的不是我吧。拎起包就要走，后被众人劝住。看来，"看相"也要有几分真功夫。其实，这功夫在"诗"外，不要顾左右而言他，拍马也要找准对象和时候、掌握好分寸，否则拍到马蹄上，就会出洋相的。

相还用来表示人的表情和神态。如合肥民间称洋洋自得叫作"得意相"、兴高采烈叫"高兴相"、羞羞答答叫"大姑娘相"、急不可耐叫"猴急相"、冒冒失失叫"唐突相"、可怜巴巴叫"可怜相"，还有，死人一般的脸色叫"死相"。

相有时是一种身上装束，外表修饰，家庭摆设。如说某人"邋遢相""寒碜相"，还有"穷相""酸相""窝囊相"等。

有时相还表示行径和动作，合肥人说某个人鬼鬼祟祟、伸头缩脑，为"贼相"；油里油气、说话没准，为"滑头相"；污言秽语、动手动脚，为"下流相""下作相""流氓相"；见到美丽可人的女性，双眼不离，称为"色相"；贪吃无厌、狼吞虎咽，为"馋相""淌相"；损人利己、不顾别人，为"缺德相"；装出滑稽可笑的姿态，叫"怪相"；还有"懒惰相"，以及小孩子开玩笑、捉弄人，叫"淘气相"。

对于一个人的脾气和性格，相也有生动的表述。如孩子过于老成持重，叫"小老头相""大人相"；大人过于活泼好动，叫"孩子相"。有的人脾气孤独怪癖、不大合群，往往称为"清高相"；小气吝啬，被称为"涩相"；做事优柔寡断、不爽快，叫"女人相"。

相不仅是露在表面上的，有时还是种心态和情绪。如心绪不好，沉郁或愁眉不展，叫作"难过相"；因为打扰了别人，或托人办事，或别人托事没有办，感到尴尬，叫作"难为情相"；整天心事重重，郁郁寡欢、不开笑脸，叫作"寡妇相"。

在表达对一个人的认识印象或感觉时，就说某人"厚道相""老实相"、某个孩子"机灵相""伶俐相""聪明相"；相对的是某个人"笨相""呆相"。

合肥人在运用"相"字上，可谓登峰造极，充分展示了合肥文化的"魅力"。如把"呆相"两个字调个位，就是"相呆"，则表示一个人在呆呆地看某件东西，被吸引住了，也叫"望呆"。见《卖油饼的小老乡》一文："三个蓬头垢面、衣衫褴褛的女孩正坐在水泥地上朝大街上相呆。"因某种原因，出了意外，没有按心愿办成事，或被人当众打骂了，就说他"相跌得干干净净"，如"今天准备请你们吃饭，不料钱被小偷偷去了，真是相跌得干干净净的"，也叫"跌相"："真倒霉，被领导当众批评了一通，跌相。"

合肥地区至今还流传着一个"呆女婿"的故事：从前有一个胖财主，他有两个女婿。大女婿是个有钱又滑头的秀才，二女婿是个老实木讷的庄稼汉。胖财主心里只喜欢大女婿，觉得他样样好，说话又中听。看不起二女婿，认为他衣着不干净，说话做事有一股呆相，背后叫他呆女婿。于是见人就说：大女婿才学好，心思巧，啥事都懂，又孝顺；二女婿是个呆子，呆头呆脑啥事也不懂。

在胖财主过 60 岁生日时，他同两位女婿在花园饮酒。时节刚好是桃子快熟了，胖财主想显示一下大女婿的才学，就指着桃子问："桃子为什么尖先红？"大女婿抢先答道："因为尖儿阳光晒得多些。"胖财主听了连连夸赞他答得好。二女婿一听，便笑着说："丈人（岳父），他错了，为什么萝卜在土里，从来没有见过太阳，反而那样红呢？"胖财主被问得说不出话来。

喝过酒，他们三人又相伴游园，胖财主指着一棵花问："这棵花为什么比那棵花长得肥些？"大女婿又抢先答道："这棵花大概是浇的粪水多些。"胖财主高兴地说："有理。"二女婿插嘴道："越发不对了，丈人没有浇过粪水，为什么长得比我们肥呢？"看来，呆女婿人长得呆心不呆。这个故事其实反映了人的"嫌贫爱富"的心理，也说明合肥人擅长借故事说事，可谓"一人一相，相呆心不呆"。

在合肥人的"相"中，似乎还有表示程度的意思。如"吃力相"表示干某一件事有一定的难度而非干力气活。"难看相"，表示有损于面子，有一定的不光彩成分。

与"难看相"近似的还有"看相"，如前日我外侄抓周时，众亲戚携礼来贺，其间拿来笔、砚、剪、尺、算盘、玩具枪、钱钞、糕点、糖果等，散放于簸箕上，逗引孩子抓取，以其首抓之物，来预测孩子未来志向和前程。不料，他第一次抓取的竟然是糖果，可能是人之天性，"民以食为天"嘛，就在我们嬉笑谩骂他"这个孩子长大肯定是个好吃精"的时候，表妹却不顾一切将糕点、糖果接二连三往嘴里塞，果渣顺嘴丫淋，于是姑妈便佯骂："这么大丫头，吃东西一点都没有看相。"此处"看相"表示吃东西的样子难看，并非长相容貌不佳。

相在表示事物的外形和内质时，也有形象的说法：内外不一也就是有些"假象"，而有经验的人也比较能够鉴别、揭示其"真相"。但人就没有那么简单了，人具有高级思维活动，其内心蕴含不可能全部流露在外表上，有时外表流露的与内心恰恰相反。

至于"识相"或"不识相"中的"相"，则又是另一层面的意思了，它和识时务的"时务"、知趣中的"趣"，是通用的，代表对世事和情势的态度选择。

在一定的情况下，相往往还兼有多种含义，如"凶相"既可以指一个人的神情、容貌、长相，也可以指那种拂袖瞪眼，甚至持刀行凶的动作。"肉麻相"也可以表示行径动作，还可以指神态表情等几个方面。

宋人在《青箱杂记》中也讲到"相形不如相心"，说人看形相，有片面化、表面化的倾向，相人也要注重内在美，把内在美和外在美有机地结合起来，更科学。

但是，不管怎样，"相"对合肥人的口语影响十分深远，也说明了合肥民间文化的丰富性、多样性和生动性。

综上所述，如此众多的"相"词活跃在我们的口头上，它大大地提高了口语的表达功能。其中有的已经进入书面，如多用于做了不光彩的事而被称为"相坏"：虽然孔乙己说过窃书不为偷，但是，真要是偷了东西又被抓住，那不就相坏光蛋了，也可说相坏尽了。大概"相"算得上是全国性的语言。

（十一）合肥童谣

合肥人在摇篮曲里和门前的柳树一道成长，在麦地里捉迷藏，渐渐地长成一个比一个俊俏的大姑娘、小伙子……

合肥人在童谣声里回忆难忘的童年：

"你的头，像皮球；你的腰，像弯刀；你的屁股，像面包；你的鼻子，像橡胶"（《你的头》）；"小老鼠，上灯台，偷油喝，下不来，小大姐，抱猫来，叽里咕噜掉下来"（《小老鼠》）。

合肥孩童们所唱的大多是由母亲或祖母口头教授的有词无曲的歌谣，多是生活中的一些趣事，或有教育意义的散曲。

当孩子尚在周岁时，其母亲或祖母就常握着他的手，用自己的食指挨次点着他的手指唱道："红萝卜，大白菜，红的红，白的白，吃萝卜，吃白菜，吃得宝宝脸儿圆圆真可爱。"假如孩子任性、哭闹，为了逗他玩，就会接着唱："又哭又笑，老猫上吊，小猫开门，屁股跌得生疼。"这时边说边用手有节奏地揉捏孩子的屁股，直到孩子龇牙咧嘴地憨笑为止。小孩子在二三岁时就会自己唱这些歌谣了，甚至，他们还会教比自己小的孩子唱。我想这可能就是民间歌谣流传下来的主要原因了。

五六岁的孩童，总喜欢四五个成群成堆玩游戏。他们围坐成一排，其中有一个孩子用脚尖逐一点碰坐着的伙伴的脚，边点边唱："踢菱角，摆菱角，菱角尖，朝着天，脚板大，摆不下。脚向南，脚向北，南田北地种荞麦。荞麦稀，好喂鸡，荞麦稠，好喂牛，一二三，三二一，小红脚，蜷一只。"当点到其中一人时歌词恰好没有了，点唱者就坐在末端，被点者就要起来从头点唱，如此轮流循环点唱。以致家长喊吃饭时要喊三四遍，真是达到忘我之境界。

十来岁的孩子总喜欢游泳，但多是"家门口的塘，翻不了几个花子"。这时，也有几个还摆成一排，口中念念有词："跌冬瓜，跌西瓜，跌到大河没哪拉"，说完，"砰咚、砰咚"一个接一个倒在塘里……玩得尽兴时，也有跑到岸上，两个人手拉手，你一句、我一句："车水，摇水，大河湾来水，车半塘留半塘，留给大姐汰（合肥方言，读 dai）衣裳。"

在合肥民间，儿童们流行一种叫"踢毽子"的游戏，讲究形式与内容的完美结合。踢毽子时肩、腰、腿要和谐统一，配合科学，眼脑要协调，才能踢完一圈。其难度在于边踢边说词，往往一圈下来，气喘吁吁，以致有的人赤背上阵。其歌谣内容是："一个毽子踢三踢，满篮开花二十一；二五六，二五七，二八二九，三十一；三五六，三五七，三八三九，四十一；四五六，四五七，四八四九，五十一；五五六，五五七，五八五九，六十一；六五六，六五七，六八六九，七十一；七五六，七五七，七八七九，八十一；八五六，八五七，八八八九，九十一；九五六，九五七，九八九九，一百一。"真可谓情趣盎然，乐在其中，既可健身，又可益智……

其实，在农村农闲时，也有中年妇女们在一起玩"踢毽子"活动，甚至，有男性参加。

20世纪40年代，民国政府在合肥基督教女子服务社办的幼稚班（今宿州路电信局营业部址）的基础上，创办了"安徽省立幼稚园"，幼师们教儿童们数数，教授的童谣就是"一二三，三二一，一二三四五六七，马兰开花二十一，二二二三四，二五二六七，二八二九三十一；……"其内容与"踢毽子"有相似之处，恰恰说明童谣的生命无处不在，也是民间文化"异文"现象的再现。

这时，我忽然想起一首孩子因淘气被摔打时的童谣："小扁头，翻墙头，一块瓦，打破头，爹爹摸，奶奶揉，哎哟哎哟我家的小扁头。"

童谣，也许是特定的地域文化的一种反映，当我们回味这些渐行渐远的歌谣，仿佛感受到那个时代儿童勤奋好学的读书风尚、天真无邪的童趣、俏皮的幽默与揶揄、对美好未来的憧憬，似一幅幅画面展现在眼底……

（十二）巢湖门歌

在皖中和皖西，流行着一种具有浓厚地方特色和民歌风味的说唱，由于过去演唱者是挨门挨户站在门旁演唱，故被人们称为门歌。门歌的伴奏乐器，只用一锣一鼓，所以又叫锣鼓书。

这朵民间艺术之花，数百年来，一直牢牢地扎根在江淮之间的大地上，深受肥东、全椒、定远、滁县、巢湖、六安、寿县一带广大群众的喜爱。不少群众都会演唱门歌，善于用门歌来表达自己的心声，其中尤以巢湖地区的巢县、肥东等地演唱门歌之风最盛，歌手在全国也最有名，因此，人们又在门歌之前冠上"巢湖"两字。它是皖中和皖西地区一种群众性的文化娱乐和宣传活动，也是这一带很有特色的民间风俗。

新中国成立后，这朵民间艺术之花，开放得更加艳丽。优美动听、高亢奔放的门歌歌声，不仅荡漾在埂头、村旁和晒稻场的上空，还以崭新的面貌出现在文艺舞台上。

门歌，说来也简单，只有歌头、上句、下句、歌尾四句，句式是"二二三"的七字句，唱词有韵即可，要求不太高。音乐变化也不大，演唱时上下句多次反复。

门歌之所以能在这一带蔚然成风，是因为它具有说唱音乐的特点，伴奏只需一锣一鼓，易于掌握，普及方便。更重要的是，它的唱词要求不高，演唱者可以把新近发生的事，随时编词信口唱出，能反映群众的心声，和人民的生产、生活、斗争有着密切的联系。

门歌，诞生在农民的血泪之中。明代初期，在皖中一带农村，流行的唱本甚多，逐步形成了一种"一声高一声低"的吟唱曲调，名曰"高低调"。这种曲调很受农民欢迎。明末，江淮多灾，农民外出乞讨时，有人用"高低调"挨门演唱，后来很多人跟着仿效。为了吸引人，演唱者先在"高低调"前面加了声音较高的"招呼句"，后来又用小锣小鼓伴奏。这种歌，过去大多是穷人讨饭时演唱的，声声泪、字字血，音调低沉、忧郁。

门歌有革命的传统。在辛亥革命和大革命时期，广大人民受革命运动的鼓舞，纷纷编写革命故事，用门歌演唱。1929 年，中国共产党在肥东县的青龙厂、长丰县的造甲店等地领导人民建立苏维埃政权，曾运用门歌宣传过革命道理。在抗日战争和解放斗争中，门歌又在定远藕塘等革命根据地，配合各项政治工作和革命战争，起到了鼓舞群众斗志的作用。

新中国成立后，门歌由"悲歌"变"喜歌"。群众用门歌赞颂伟大的共产党，歌唱社会主义的幸福生活，表彰新人新事。为了适应表达欢乐感情的需要，门歌的歌声渐渐由低沉变高亢、由忧郁变奔放。

（十三）巢湖九龙攒珠

在明代初期大移民运动中，在距离南京以西二百多里的巢湖北岸，移民者从无到有，建立了数百个村落。这些移民村落遵循着统一的规划模式，被称作"九龙攒珠"。从明代初期至今600余年，始终保持生机勃勃的运转。

这种村庄格局长期埋藏在深闺中，"九龙攒珠"是以水塘为中心，根据地形合理规划村庄排水系统、道路和居住区，是中国中部一种典型的古村落布局模式，折射出了中国南北方建筑文化撞击和流变过程中的规律。

下着细雨，九龙攒珠，雨水沿着洪家疃张治中故居旁古老的水道，汇水入塘。

"疃"是一个有趣的字，其原意为"禽兽践踏的地方"。《诗经》里说："町疃鹿场。"后人注解：县多麋鹿，十百为群。掘食草根，其处成泥。民人随此，种稻。不耕而获，其收百倍。

古时草木茂盛，人们缺乏耕作工具，种植艰辛，麋鹿成群结队，经其践踏的地方，草木难以滋生，成了天然的"良田"，于是所费力少，而收获良多。慢慢进入农耕文明的人们学会了逐疃而居。

到后来，疃成了"大村"的代名词，宋朝的陆游就是这样写的，"自出城，即黄茅弥望，每十余里，有村疃数家而已"。

巢湖之滨，自古水草丰茂，是否曾经麋鹿众多，而致践踏出一片良田，这已无从考证。庄子口中"昼拾橡栗，暮栖木上"的有巢氏之民，又是如何开始农田耕作、逐疃而居的，也无稽可考。

但这一地带的疃村却非常多。康熙年间的《巢县志》中记载："疃：刘家疃、张家疃、管家疃、王家疃、黄家疃、郭家疃、周家疃、唐家疃。以上诸疃，俱在西乡。"说明这些疃的历史都十分古老。除此以外，黄麓镇还有洪家疃，是张治中先生的故乡；有徐家疃，在中庙镇附近。长临河镇也有几个疃，如罗家疃、李家疃等。

洪家疃便是这其中的一个大村。

走入洪家疃，巷道纵横交错，明清风格的老屋和新修的村屋鳞次栉比，沿着一条条细巷延展开去，稍不留神，就有可能迷失在600年的历史中。

我们穿过了几个巷道，巷道两边的屋门都是侧开，屋内大都是"三间两廊"式布置，天井两侧一般是厨房和行廊，正房三间，正中为厅堂，被木屏风分割成前后两个部分，屏风前放置神龛，供奉祖先。

和一般的村落比起来，这儿更像是一个聚居的小集镇，村中心有一口大池塘。洪家疃有着严谨的建筑规划和布局，长长的巷子依次排开，房屋沿巷道布排，池塘是人工开凿而形成的蓄水池，与排水沟、暗渠、天井联通，构成了一个完整的排水系统，这正是"九龙攒珠"规划概念的核心。

正是雨天，水道如长龙一般，雨水潺潺而下，全部汇入池塘之中。这种布局使居民免除了水患，不仅方便日常生活，同时也富含古时"风水"的含义。

村人忙着清扫塘边的落叶。参天的古木，见证着历史，也守护着这一方水土。

宁静的村落，家家门口植树、院内植花，巷口踱步的老者面色匀净，文雅而矍铄。有人评价此地的民风，"村人好养花看书，连老太太都能提笔写字，吵架都轻声慢语，像作诗一样……"

村中有一口井，人称庄井，已经没有人知道它的年龄了。据说这是庄氏先人所用的井。

和巢湖北岸众多移民村庄一样，洪家疃的先民也是在明朝初年大移民时期，由江西瓦屑坝迁入。最早进入西黄山脚下的是徐氏、黄氏和庄氏，当时的村落并不叫洪家疃。

由于靠近西黄山，一旦下雨，山水便会顺流而下，淹没下游洼地。于是徐、黄、张三氏一起开往西黄山，他们在面向下游冲田的一个较窄的山口修筑了一个水坝，山水汇成一个小小的湖泊，这就是洪家疃后来水塘的雏形。人们依坝而居，在旁边建成徐家坝村，以便于看管和控制水坝。

巢湖之滨洪家疃

徐家坝建好之后，在它的东边又建起了一个小小的村落，这正是后来徐家坝村以后的主人——洪氏。洪氏是从徽州迁来的，按照族谱的记载，他们是唐代歙县观察使的后代，又称桂林洪。

据说，到了清代，徐家坝的庄氏家族遭受了一个重大的灾变，一位叫"隆公"的人触犯了朝廷，被满门抄斩。庄姓匆匆逃离了村庄，留下了空空的建筑和房屋。

这到底是怎么回事呢？偏远的小村庄如何会触犯朝廷呢？

经过我们考察，在洪家疃的南边发现了一个小村——富塘张，他们正是被迫迁出的庄氏后代。在村庄的《张氏宗谱》里记载，使家族遭难的"隆公"生活在宋代，然而为什么要在清朝隐姓埋名呢？原来，在清朝初年，浙江发生了著名的"明史案"，主犯庄廷珑，因印刷有指责清朝语句的《明史》而遭难，整个家族便被波及。庄姓应该就是在这种情况下被迫迁出的吧！

小时候看金庸先生的《鹿鼎记》，里面便是以庄氏的故事开端的，没想到在巢湖洪家疃这个小小的村落，居然跟这个历史故事也有联系。

一个家族隐姓埋名的故事，就如电视剧一般，在我们面前活生生地展现。从未像现在，感觉到历史的风雨，离我们如此之近。

随着其他家族的衰败，洪氏逐渐壮大，开始慢慢拓展，来自东部小村的"靠山张"张氏家族也随之来到了村庄。张、洪等姓氏慢慢融合，形成了村庄最大的宗族势力。

到了近代，洪家疃已经成为西黄山脚下第一大村。现在，我们在洪家疃还能看到当年洪氏家族鼎盛时期的风貌。位于村中的洪氏宗祠，虽然破损严重，依然巍峨高大。整修宗祠占地1000多平方米，分门楼、前厅、正厅、享堂共四进，屋角高翘，木雕精致。

2014年，洪家疃已申报安徽省传统村落，洪氏后人也正在考虑恢复该宗祠清中期的原貌。一旦复原，当年的鼎盛再现，必将成为巢湖一地徽派建筑中的典范。

这里也是"和平将军"张治中先生的故乡，村庄还有十位家族成员在新中国成立前获得少将军衔，获得其他将校级军衔者更多。20世纪30年代，张治中将军在这样一个偏僻的小乡村创立了从幼儿园、小学一直到中专的全套教育体制，人称"黄麓师范"，与著名的晓庄师范并肩驰名，被视为乡村教育的楷模。

直到现在，学校里仍然还是书声琅琅。硕大的朴树、雪松，遮天的枫杨、梧桐，显出这里的历史经年。得了学校之福，这些老树在特殊的时代逃过了被砍伐的命运；而老树，也年复一年地荫佑着在这里汲取知识感悟自然的学子们。

校园深处，"桂翁堂"还保留着原来面貌，门口两株龙柏盘旋而上，虬枝伸向四面八方。两株龙柏，还有一棵广玉兰，是将军当年特地从原南京金陵大学农学院移植而来的，历经数十年风雨，长势愈发葱茏。

校园后面有池塘，顺着塘边绕半周，塘对岸就是将军的故居。青砖瓦屋，典型的江淮民居，和周围的瓦屋连成一片，虽不高大，却简单而庄重。

（十四）包公与包河藕

合肥的包河公园，绿树掩映，风景秀丽。包河里有鱼、有藕，这鱼、藕与别处的不一样：鲫鱼黑脊，象征包拯铁面；藕嘛，七个孔，没丝。所以，合肥有句歇后语："包河藕——无私（丝）。"传说，这与包拯有关。

一次，仁宗皇帝封赏功臣，包公被封为龙图阁大学士。由于包公曾替仁宗找到亲生母亲李太后，仁宗十分感激，所以，又决定将半个庐州城封赏给他。

谁知包公却说："臣不要。"

仁宗很奇怪，问："为啥不要？"

包公说："臣做官，为的是国家和黎民百姓，不是为了请赏。包家的后代应当自食其力，臣不愿给他们留下什么遗产。"

仁宗听了，心里暗暗称赞，但是一点不赏赐，又觉得过意不去。于是就说："那就把包家门前那段护城河赏赐给你吧！不准再推三阻四的了。"

包公没法子，只得谢恩领了。

这下，朝中那些奸臣可议论开了，冷言冷语地说："哼，还说不要！世上哪有不吃腥的猫，天下哪有不为己的人？"

包公听了，火气直冒。可是，圣旨下来了，要退也退不掉，弄得不好，

包公祠

还要落个违旨欺君的罪名。因此，他心里又气又恼。

包兴安慰他说："大人，身正不怕影子斜，脚正不怕鞋歪。再说，那河里什么也没有，你怕什么？"

包公一听，生气地说："你怎么也蒙混起我来？谁说河里什么也没有？那藕不是东西吗？"

包兴一听，不由得哈哈大笑起来，笑得包公丈二和尚摸不着头脑，便问道："你笑啥？"

包兴说："我笑大人当清官当傻了。你想，一担藕能卖几个小钱？就是满河都是藕，还不值一个元宝哩！"

包公说："包兴，话可不能这么讲。一堆钱是钱，一个钱不也是钱吗？不过，你的话倒提醒了我，我有法子了。"

说罢，包公便提笔写了张纸条，让人贴到河岸边。纸条上写道：

> 河藕能吃不能卖，
>
> 卖藕只能当药吃；
>
> 留言后人记分明，
>
> 包拯铁面藕无丝（私）！

33

据说，从那以后，包河里的藕如果作价卖，那就清淡无味，只能作药引子用；要是不拿来卖钱，那藕就又香又甜又脆。世上的藕，丝都很多，藕断丝连，唯独包河里的藕，丝却很少，成了闻名遐迩的特产。合肥人敬仰包公，每年中秋赏月，总离不了冰糖、无丝藕，以示"冰心无私"的风范长存。

（十五）李鸿章与文峰塔

巢湖中心有个小岛，叫姥山。姥山上有座七层塔，装点得巢湖更加壮观、美丽。塔叫文峰塔，人们传说它是合肥的"文笔"，童谣云："姥山尖一尖，合肥出状元。"塔是李鸿章修建的。他为啥修这个塔，有个传说。

李鸿章是文人又能兵，为清廷镇压太平军、捻军，立了大功，官至极品。晚年萦绕他心中一桩事，就是以未掌文衡为耻。事情传出后，人们纷纷议论，褒贬不一。有的说，李鸿章贪心不足，当了宰相，已不知比状元光鲜了多少倍啦！有的说，这是李鸿章的壮志。一时成了京城茶余酒后街谈巷议的热门话题。

不久，合肥东乡六家畈一个潦倒文人吴文绰来到京城，听了这"热门话"，又听说李鸿章的侄子、孙子今年要参加大比，老鼠眼眨巴了几下，便以老乡的名义进了中堂府。

这吴文绰是个"麻袋装菱角——里戳外捣"的家伙，在家里混不下去。因他肚里无多少货，嘴皮子却溜得很，说话如刀切菜一样，人们给他起了个绰号叫"小篾刀"。

他一见到李鸿章，就口若悬河地说："我们的家乡合肥，是个好地方，山清水秀，鱼米之乡。家乡人爱，外乡人也爱。南宋著名词人姜夔曾在合肥小住，就爱上了合肥，把它当作故乡。他在《送范仲讷往合肥》诗中说：'我家曾住赤栏桥，邻里相过不寂寥；君若到时秋已半，西风门巷柳萧萧。'"

小篾刀的一席话，便提起了李鸿章的兴趣，古板的脸上绽出了笑容，不住地点头，示意他说下去。

小篾刀又说："古话说：'物华天宝，人杰地灵'，合肥历朝可出了不少人啊，文至宰相，武至大将，安国定邦，建下奇功。可是，就未出过状元，不禁使人扼腕叹息。小人略懂一些地舆知识，合肥就是地势平了些。你看，合肥大门，面对巢湖，一塌平面。湖心倒有个小岛——姥山，可惜尖度不够。唉，唉！"

李鸿章听了，说："是的。依你看该如何办呢？"

"现在合肥童谣说：'姥山尖一尖，合肥出状元。'姥山尖不了，合肥怎能出状元呢？我看大人为家乡做件好事，在姥山建一个文峰塔，以应谣签！"

这话打动了李鸿章，他一时沉思不语。

小篾刀继续说："小人倒想为后人造福，可是'位不高，名不显'，心有余而力不足啊！大人理应当仁不让。要是大人信得过，小人愿为大人造塔效劳。小人是秀才，'求官不成身还在'，想做些好事造福后代。哈哈！"

好狡猾的小篾刀，只字不提李家有子侄要参加下科秋闱大比，但却一再强调"造福后人"。

李鸿章也不是个简单的角色，虽然小篾刀的话打动了他，他岂能轻易把建塔的权柄交给他。只是轻轻地说："我自有主张。"

然后，话题一转，说："你认得吴毓芬吴大人吗？"

"哎呀，他可是小人的本家叔叔，他老人家混得好啊！现已当上江苏巡抚了。"

小篾刀讲这话时，口水直滴。李鸿章最不高兴那种馋相巴巴的人。就吩咐家人领吴文绰吃顿饭，打发了。气得吴文绰大骂李鸿章是个阴货，早知如此，真不该费这些唾沫星子。

不久，吴毓芬来京述职，顺便看看姻家。李鸿章和他谈起吴文绰建议他在姥山修塔的事。

吴毓芬听了，说："这个吴文绰我知道，人品、学问均不咋样，不过他说的话有些道理。前些年，家乡父老已在山上建了塔基，因洪、杨之乱，停了下来。如今太平盛世，修塔倒是美事。如果姻家有兴趣的话，我可以代劳。"

李鸿章一听，非常高兴，连说："那好，那好！"随即便把建塔的事，委托给吴毓芬。

其时，是光绪六年（1880），恰逢刘铭传奉旨进京。李鸿章和吴毓芬知道刘铭传的字写得好。两人便商请刘铭传给塔写个匾额。刘铭传欣然命笔。可是，他没有按李鸿章和吴毓芬那个应谣签的意思写，而是从壮丽景色和他的远大抱负的角度，挥毫写了：

光绪庚辰春月

中流一柱

刘铭传谨书

这样，姥山文峰塔便修成了。如今，人们一见到那塔，自然而然地就谈起李鸿章修塔的故事。

文峰塔

（十六）合肥烘糕

合肥有名的糕点，要数烘糕。烘糕香甜酥脆、美味可口，驰名国内外，是赠朋馈友的佳品。其本名叫"翁高"，"烘糕"是后来才取的名字。

北宋末年，合肥北外乡的泚河畔，有座孤孤单单的茅屋，住了一户姓翁的人家，翁牯子和娘、媳妇，共三口人。时当金人入侵，中原沦陷，二圣被俘。翁家人深明大义，翁牯子便离开娘和媳妇，去投军了。一去十年不归，音信全无，生死不明。

此时，翁姥已六十有余，看到年轻的媳妇还伴着自己，于心不安，就说："儿啊！牯子八成是为国捐躯了，你……你甭等他啦！我也是将入土的人了，不忍心再拖累你，你……你再走一家吧！"

翁嫂长得俊，心地善良，一听婆婆说这话，涨红了脸，半晌才说："娘，要是媳妇有怠慢你老人家的地方，您就直说，我好改嘛！不把您送上山，不打败金人，就是拿绳子捆，我也死不从命。"

翁婆感动得老泪纵横，只好由她。从此，翁嫂待婆婆更好。由于家境不富，又缺劳力，日子过得拮据，翁嫂吃糠腌菜，把好的留给婆婆吃，婆媳俩相依为命。

由于南宋朝廷的腐败，这一年，金人又大举南犯，合肥也失陷了。翁姥又气又恨，加上躲金兵，东藏西跑，受了风寒，病倒在床。翁嫂除了求医买药，就在床前服侍婆婆，一步不离。由于翁嫂的精心照料，翁姥的病渐渐好了，就是不想吃东西。

常言说："人是铁，饭是钢。"不吃怎么行呢？翁嫂天天想点子、变花样，尽心要让婆婆多吃几口。可农家小户的，家资不厚，天天翻花样，哪里能搞得起呢？

这一天，家里实在买不起荤腥。翁嫂就翻箱倒柜，把家里过节时剩下的一点面粉和了，放了一点糖进去，做成糕，再放到油锅里，烤得焦黄，然后送去给翁姥。翁姥一闻，好香；一尝，脆酥酥的，吃得比往日多。

翁姥问："儿啊，今天搞的是'哄子'？这么味高？"

翁嫂看婆婆称赞，打心里乐，便笑着说："娘，就是您说的哄（烘）糕。"

"翁高？"翁姥缺牙，讲话不关风，把"烘糕"讲成"翁高"。她连连称赞："翁高，翁高，味道可真好啊！"

翁姥一乐，胃口开了，饮食渐进，身体逐渐恢复了。身体一好，不免又挂心起沦陷在金兵铁蹄下的城里人，便问道："儿啊，大宋的兵马还未来吗？"

"嗯。"

"离这里远吗？"

"不远。刘锜将军已打到柘皋。"

"好啊！"

翁姥一听，很高兴。趁媳妇去忙活，她找了个坛子，洗刷得干干净净，把媳妇留给她吃的糕片，放到坛子里面盖好。

过了不多久，大将军刘锜在柘皋大败金兵，旋即挥戈北上，收复合肥。人们拿出鸡蛋、挂面欢迎刘锜的队伍。翁姥也叫翁嫂抱着坛子，搀着她，走在欢迎宋兵的行列中。

翁姥打开坛子，一股香气溢出。翁嫂一看，里面尽是"烘糕"，才知都是婆婆平时省下来的，心里更加敬爱婆婆。

翁姥向一队队从身边走过的宋兵喊道：

"欢迎抗金英雄，尝尝翁家的'翁高'！"

士兵们不知这"翁高"是什么点心，无奈翁姥盛情，便一人尝了一口，真是又香又脆又甜，都打听这"翁高"是什么。

翁嫂只好把从"哄糕"到"翁高"的来龙去脉说了一遍。

士兵们为"翁嫂侍婆尽孝，翁姥为国尽忠"的精神所感动，齐声称赞："翁家高，翁家高。"

这样，"翁高"在民间传开了，后来越做越好，正了音叫它"烘糕"。

（十七）中庙和刨花鱼

　　碧波荡漾的巢湖边，屹立着一座古庙，突石临流、巍阁参天，如宫似殿，陡峭壮观，这就是有名的中庙。千百年来，当四方游人来此览胜时，总是先到庙内观赏那屋上的栋梁。据说"无意"的游客，会发现正梁的一头短缺一截，悬空而架，而"幸运"的游客还会见到正梁八底架上嵌着一把木柄铁斧呢！

巢湖岸边的中庙，远处是姥山

　　要问这里的缘由，先得说说中庙的来历，然后才能道出关于神匠鲁班的一段传说故事。

　　相传很早以前，巢州一带妖孽兴起、群魔混战，弄得土地荒芜、民不聊生，这事惹怒了上帝，决定惩罚人间，命小白龙陷州为湖，葬生灵于水底，而小白龙为感激巢州太姥母女的救命之恩，预先托梦给太姥，要她俩严守天机，只管自己逃命。好心的太姥想到黎民百姓的生命安全，却到处给老百姓送信，泄露了天机，终于惹得神灵发怒，在倾天塌地的陷湖的洪波中，母女俩同时葬身水底，成了高耸湖面的姥山和儿山。

　　为了纪念太姥母女对人民的忠贞，后人便在凤凰台上营造中庙，可这消息却让一个漏网的妖孽知道了，它变成一只老鼠，藏在正梁八底架的榫眼里。每当中庙架梁铺顶之时，它便移动榫头，使整个庙宇倒梁塌柱，顷刻瓦解。

百姓们劳民伤财，却建不成庙，感到十分苦恼。他们从四面八方，请了七七四十九个能工巧匠，打了七七四十九根撑梁柱子，焚了七七四十九天香火，造了七七四十九个昼夜，结果还是未造成。工匠们架不成梁，想不出个好办法，一个个垂头丧气。

这一天，又到了架梁的日子，工匠们正在犯愁架不成，忽然从远处的湖面上飘过来一只小木船，船头上站着一个穷汉子，他衣衫褴褛、一无所有，只是在腰后别着一把木柄斧头，他一上岸，就径直走到工地上，仰首看看正在架设的屋梁，摇摇头，喃喃地说："要架梁，也不难，只须斧头往上斩。"正在架梁的主匠师傅，肚里本来就窝着火，一听有人说大话，低头往下一看，只见是一个穷叫花子，他顿时火冒三丈，呵斥道："没见过穷叫花子吹牛，快滚开！"那穷汉见工匠师傅发脾气，一点不以为然，仍是一边笑一边说："大师傅，莫发火，天下事，我见过，要想架梁得请我！"众工匠听他越说越玄虚，都把他当成疯子，纷纷上来赶他走，他却胡搅蛮缠，怎么也不离开。有一个年老的木工好和事，便上来拦住大伙说："他既然说出大话，不妨让他试试吧！"那人听完这句话，便回口说："你们无理我不怪，只须朝我拜三拜！"那老木工无奈，真的提襟匍肘，向他连拜了三拜。

恰巧就在这时，妖孽又开始兴风作浪，一阵狂风过处，刚架上的屋梁眼看就要倒塌下来。眨眼工夫，只见那穷汉将手中的斧头"刷"的一声往屋梁上斩去，不偏不倚，正巧剁在正梁的榫头上。正梁连晃了三下，"嘎"的一声响动，正要架稳，不想用力过猛，梁头被切断了一截。眼看梁架就要倒下来，只见他顺手接过从空中落下的斧头，"刷"的一声又向上剁去，又是一声响，那正梁晃过三晃，便稳稳当当地架上了，那把木柄斧头正巧落在八底架上正梁榫接的地方，把断去的一截梁头接上了。

与此同时，一只被剁去头脚的灰老鼠从梁头上落下来，摔得粉身碎骨。

盼望已久的中庙终于建好了，工匠们纷纷向那位穷汉道谢，百姓们从四面八方赶来祝贺，直到这时，大家才知道这位神通广大的陌生人不是别人，正是神匠鲁班。大伙儿一片热忱，一定要挽留他，要他与大家一道参加中庙的竣工祭礼，鲁班推辞不过，便欣然应允了。

可是，老百姓由于建造中庙，花去了大量的财力物力，弄得十分贫困，甚至连饭都吃不饱了，神匠看在眼里，心中早有主意，在他临辞行的时候，他对乡亲们说："此地面临巢湖，地势浩荡，民意祺昌，将来一定是鱼米之乡。"乡亲们都说："可惜这浩浩巢湖，连一尾鱼虾也无，哪里能称鱼米之乡？"神匠听罢，笑笑说："有了。"说着顺手从工地上抓起一把碎木刨花屑，向湖中撒去，转瞬之间，就见湖面上浮泛起万头攒动的黄色小鱼，一个个绕来撞去，窝在一起，神匠忽又想到这些小鱼缺少眼睛，所以游不远，于是他又顺手从湖边抓起一把黄沙，向鱼群撒去，只见那无数条小鱼立即眨着眼睛，摇着尾巴，向浩瀚的湖波游去了。

巢湖中庙

从此之后，巢湖里到处可以见到这种"刨花鱼"，当地人又叫它"芦菜叶鱼"。因为它的眼睛是砂粒子做的，所以直到今天，人们吃起来还会感到美中不足——有点硌牙呢！

41

二、皖 之 东

（一）天长岁时民俗

天长地处皖东，与江苏毗邻，其俗受其影响，自成特色，如岁时民俗可见一斑。

春节正月初一凌晨，各家放鞭炮，敬天地、家堂、祖宗。晚辈向长辈拜年，长辈给"压岁钱"。早晨多吃汤圆，或泡饭、糕点。农村凌晨敬土地。友人相遇互道"恭喜发财""新年好"。初一至初三，不新烧饭菜，初四下河边淘米洗菜谓之"开生"。初一，不扫地倒水，不动剪刀针线，不能打碎东西，不准小孩讲不吉利的话。

初二商店敬玄坛。中青年到岳父、娘舅、姑姨等长辈家拜年。初五为"财神日"，家家"接财神"、放鞭炮，商店还举行传统的敬财神仪式。

春节期间，青少年喜欢"打钱堆子"，"滚铜下跪"。农村爱看戏，听说书，读唱本。玩麒麟、玩龙灯、拉洋片、捏糖人、卖各式玩具的走街串巷。城乡皆有借春节大搞赌博活动的。新中国成立后，人民政府将春节定为法定假日。年前安排市场供应，救济军烈属、困难户，城乡组织健康有益的文娱活动，组织花担、花船、龙灯等传统文娱形式给五保户、军烈属拜年，机关单位举行团拜，看望离退休干部。电影院、剧团组织春节文化专场。儿童、老年人多在家看电视。

元宵节 正月十五为"元宵节",古称"上元节",又称"灯节"。元宵节吃元宵、赏灯成为传统习俗。十三为"试灯",十五"正灯",十八"落灯"。在食物上有"上灯圆子落灯面"之俗。新中国成立前,县城集镇每逢灯节,各家带着小孩和各式彩灯,齐集闹市,互相观赏,配以龙灯、花船等。1980年,天长县城举办首次"元宵灯会",由文化部门和县直党委会负责筹办,各机关单位制作各式灯彩,飞禽走兽、花鸟鱼虫、人物造型,千姿百态、栩栩如生,白塔河水面燃放荷花灯,四乡八镇、外地游客赶来看灯,盛况空前,此后相沿不衰。

清明节 这天,各家门前插柳,妇女喜戴柳球,早晨吃烧饼,中午备菜饭祭祖先或去墓前祭扫。新中国成立后,祭奠日少,多数修整墓地,上坟凭吊。机关学校、群众团体,组织青少年到烈士陵园和烈士墓祭扫、敬献花圈,对青少年进行革命传统教育。

端阳节 五月初五为"端阳节",俗称"端午"。吃粽子已成传统风俗。粽子有实心,有包馅,馅子有咸瘦肉、火腿、红枣等。各家门头插菖蒲、艾,悬挂钟馗像辟邪。儿童背艾叶虎,穿虎头鞋,围绣有"五毒"(蚊、蛇、蝎、壁虎、蜈蚣)的兜子,腕系彩线扣银铃索子,颈挂彩络咸鸭蛋。跳判(由人扮演判官)的挨门逐户跳舞。道士送"端午符"。

正午时,合家聚餐"躲午"。饮"雄黄酒"时,将沉淀的雄黄在孩子额上画"王"字,耳朵、手臂也抹一些,意在驱避"五毒"。午后,本县曾有赛龙舟的习俗。

中元节 七月十五为"中元节",俗称"七月半",农村谓之"鬼节"。这天和清明一样,须祭祖。旧时,县城和各大镇从这天起至七月底,群众集资,每晚在街道上请僧道做"盂兰会",超度"孤魂野鬼",夜间放荷花灯。此俗新中国成立后消亡。

中秋节 八月十五为"中秋节",俗称"八月半"。旅外的尽可能赶回来吃团圆酒。煨鸭子、煎藕夹是中秋节的传统菜肴。晚间,在室外设香案,供月宫嫦娥像,陈列月饼及鲜藕、菱角、鸡头苞(芡实)、毛栗、石榴、芋子、毛豆荚等。有的小孩点"月宫灯""走马灯",并以瓦片垒"宝塔灯"。全家对月跪拜，谚有"在家不敬月，出门遭雨雪"。敬月后，分食月饼，如有人在外，即留一份或寄去，表示团圆。

"文化大革命"后，敬月活动已少见。但亲友间互赠月饼、礼品的习俗仍流行。

重阳节 九月初九"重阳节"，简称"重阳"，古有佩茱萸登高的习俗。面饼店以籼米粉蒸方糕和捏成的小羊，并制彩纸三角旗子，名"重阳旗"。出售时，羊、旗、糕全套，供不应求。次日农民和菜农将旗插在田头、菜园，以驱逐鸟雀。此俗如今已少见。

冬至 俗称"过大冬"，农村正是农闲季节，故敬祖先的菜肴比清明、七月半要丰盛得多，往往忙到天黑才祭奠，故有"早清明，晚大冬"之说。

腊八 腊月初八吃"腊八粥"，本是寺庙礼佛之举，也是本县传统风俗。这种粥，考究的除糯米外，还加红黑枣、蜜枣、白果、莲子、芡实米、菱角、胡萝卜等。抗日战争前，北观尼姑将腊八粥挑到四门街上卖给小孩吃，经常供不应求。目前，少数家庭仍有吃"腊八"的习俗，花式不全，只是应景而已。

"文化大革命"前，天长多数人家供灶神，也称"灶老爷"。神像两边有"上天言好事，下界保平安"的联语。腊月二十三、二十四为送灶日，即送灶神上天"汇报"。送灶前数日，尼姑庵向各家送灶疏，收者给钱。送灶时在灶神前供一碗糯米饭，上插蜜枣、红黑枣、桂圆、白果、花生、莲子等果品，名为"灶饭"。还供有灶糖（麦芽糖），意在将灶神嘴粘住，防止上天后乱说。敬神后，将纸印的灶神像烧掉。除夕，买新的灶神像贴上，是为"接灶"。"文化大革命"后，此俗消亡，吃糯米饭的习俗仍有。

谚有"进了腊月门，年事忙煞人"，各家及早购买春节物品。送灶后，年事更加繁忙，各家掸尘，打扫室内外卫生，赶制新衣，穷人家也缝补浣洗。洗澡、理发、蒸各式糕点，直至除夕。

除夕 农历年最后一天为"除夕"，俗称"大年三十"（月小二十九），家家忙贴春联，象征除旧更新。室内张贴年画，布置一新。除夕中午祭祖先，俗称"家祭"。旧时，各家有"神主龛子"，都敞开龛门，挂祖先遗像。"文化大革命"中，神主龛子，祖先遗像都被毁。目前，少数人家"家祭"仍在举行。

旧时，"富人过年，穷人过关"。除夕，店主、地主、放高利贷者都提着灯笼，上门讨债逼租。穷人无力偿还就躲债。新中国成立后，各级党政部门，都在除夕前几日看望军烈属、五保户，慰问驻军部队，给离退休干部送慰问品，生活困难的给予救济。

除夕晚，全家团聚，饮酒吃年夜饭，俗称"吃守岁酒"。中上之家堆盘满桌、菜肴丰盛，饭要多煮，一般吃到年初四才"开生"。由于蒸有糕点、粉团、子孙饼子等，加之菜肴丰盛，故春节期间吃饭不多，俗称"年饱子"。现在城乡讲究新鲜饭菜，只有少数人家沿袭旧俗。

吃罢守岁酒，家庭主妇忙搓元宵。诸事停当，围炉"守岁"，讲故事、拉家常、吃煨好了的"长生果子"。从 1982 年起，几乎家家户户团聚在电视机前，收看中央电视台播出的春节联欢晚会，一直到凌晨，鸣放鞭炮后睡觉，俗称"睡元宝觉"。醒后吃糕再说话，叫作"开口糕（高）"，取吉祥之意。

（二）六月六晒肚皮

吴敬梓是《儒林外史》的作者，清康熙四十年出生于全椒县城。吴氏乃全椒世家，吴敬梓的曾祖、祖父辈有六人进士及第，其中一名榜眼、一名探花。而吴敬梓的仕途经历却不如意，考到 30 多岁也没能中举。33 岁时，吴敬梓寓居南京，以文会友，了解世态民情，断绝仕途，走上了终生困厄的文学道路。他 39 岁时开始创作《儒林外史》，用 10 年时间完成了这部文学名著。用讽刺的笔调、犀利的笔锋对封建科举制度和封建礼教进行了无情的抨击。吴敬梓一生主要活动于长江下游名城，如安庆、芜湖、苏州、杭州，晚年来往于宁扬之间。54 岁时病故于扬州。《儒林外史》除有许多中文版本外，还有英文、德文、日文、俄文、越南文、法文六种外文版本。吴敬梓狂放不羁的性格，被时人看为"文章大好人大怪"。下边是两段有关他的乡里传闻。

相传一年寒冬，吴敬梓家中断炊，只得拿着破米袋子去买米。当他走到城中积玉桥旁，见一文人当众挥笔作对联，卖文换钱，写了不少歌颂雍正皇帝的对子。其中有一副，大书："雍正，雍正，人寿年丰"。吴敬梓便用身上仅有的二两银子买下，然后脱下鞋子，拿起对联去揩脚，还仰天长笑，连说："痛快，痛快!"围观者惊愕不已。

还有一年"六月六"，按全椒风俗，家家要晒棉、绸衣物和器物、书籍。吴敬梓却在大街上走来走去，大大咧咧，头戴一顶"马虎帽"，根本不像一个读书人。有人背后嘲讽他："瞧那样子，农夫不像农夫，朝奉不像朝奉，太不讲读书人的德行了。"他权当耳边风，走到一富人家门口，见院子里晒满书籍。吴敬梓却坐在这家门前，撩开衣服，露出肚皮，躺在地上晒起太阳来，引来众人围观。富户便派仆人驱赶吴敬梓，吴敬梓说："我正在晒书，叫你家主人来，我告诉他在哪儿晒。"主人虽有许多藏书，假作斯文，腹中其实空空。他见状踱着方步来到吴敬梓的面前斥责他闹事。吴敬梓说："你那么多书，都看过吗?可这些书全在我的肚子里。"随即大侃富户那些书的内容，听者佩服不已，而富家主人在众人鄙夷的眼光中掩面逃回屋里。这则传说叫"吴敬梓晒肚皮"。

（三）正月十六走太平

因吴敬梓而出名的全椒城有个正月十六走太平的风俗。城东门外有一小桥，名为"太平桥"。每年正月十六晚上，县城人都要走一下太平桥，俗称"走太平"，以祈求吉祥如意、富足太平。这天晚上吃过饭，全椒男女老幼戴着月色，提着灯笼，熙熙攘攘，虔诚又和睦的人流静静地流向"太平桥"，直到深夜。走了太平的人才觉未来的一年，心里踏实。

"正月十六走太平"，是全椒独有的传统民俗，也是中国历史上最早、传承时间最长的健身走活动。自东汉开始，延续至今，盛况不衰。《汉书》载有"澄日太平"之谚，此为全椒走太平之肇始。南北朝宗懔《荆楚岁时记》对正月走太平桥这一习俗有专门描述，谓之"走百病"，因桥谐音"瞧"，走桥即"瞧病"，是为了消灾祛病。此风俗一向为淮河以南的南方地区所共有，为何全椒独存此风俗而其他皆荡无?全椒走太平传承不绝，和三个历史人物有关。传承之始，加入了纪念清官刘平的内容，有清风化雨、普洒甘霖的意蕴，使得"走太平"民俗比其他地区更显厚重。

正月十六走太平

刘平,楚彭城人,字公子,东汉建武间,拜全椒长。为官清正,狱无系囚,百姓各安其业,人或增资就赋,或减年从役。德化所至,虎皆西渡。全椒民间传说,有年大荒,刘平将朝廷拨付可修三十里城池的款项用于赈灾,余钱仅修了三里的小城。这就是全椒老城的"街包城"(一般建城均为城墙包围街道,独全椒街道包围县衙)现象。刘平因此罢官获罪,押解京城。百姓得知消息后,倾城相送至城东小桥(即太平桥),此日恰为正月十六,百姓皆焚香燃竹,祈求祝愿,声倾九天。而据《汉书》记载,刘平是因病去职的。由于全椒百姓的祈福,刘平身体竟神奇痊愈了。于是到京城任侍中、宗正,名列九卿,名垂青史。

走太平传承到隋唐,由于南北战乱,几近失传。全椒又因纪念隋开国大将军贺若弼,而得以传扬。据民国九年(1920)《全椒县志》载,太平桥又名贺橹桥,隋大将贺若弼伐陈时,造橹于此。人们在追忆清官的内涵中,又增加了保国安民的成分。

全椒"走太平"到元末,也和其他地方"走太平"一样,几近传绝,此时又加入了第三个历史人物陈瑛，焕发了新的生机。

据康熙《全椒县志》载：明永乐初年，一术士提出，如把全椒城的笔峰山加高，可多出举子。教谕吴颖便率一帮秀才前往彼处培土加极。恰巧一总旗官过此，与秀才发生口角受辱，因总旗是湖南人，举主读音不分，到南京诬告全椒人欲培土出"主（举）子"，有谋反之举。永乐帝欲血洗全椒，都御史陈瑛是滁州乡亲，闻之乃禀：椒人淳良，断不能造反，愿以自家性命担保，于是全椒冤白。陈瑛死后，椒人将其衣冠葬于太平桥高垅上。走太平又增加了福佑乡亲、扶危济难的乡亲乡谊成分。

至此，全椒"走太平"，在传统健身走的意义上，增加了清风化雨、普洒甘霖，保国安民、平安地方，福佑乡亲、抚危济难的诸多内容，完成了民俗的升华。

全椒县"正月十六走太平"，有个传统的行走路线，即三桥两街。从积玉桥（汉代建）进入袁家湾老街，过红栏桥（宋代建），走到太平大街，最后到达太平桥。这条路线民俗意义深刻。走三桥，取积玉之"玉"、红栏之"栏"、太平之"平"，即谐音"遇难平"，遇到灾难和困难皆可平定；走两街，取袁家湾之"袁"、太平大街之"平"，即谐音"团团圆圆"和"平平安安"。这条传统线路长约五华里，三座桥一桥更比一桥高，步步高升、心平气和，人的生理机能调度有序、调节有度，是非常适宜的健身走里程。

"正月十六走太平"作为全椒县独特的民俗、中华民族民俗的活化石、传统健身走文化、受国家级保护的非物质文化遗产，已广为人知。影响越来越大，范围越来越广。周边江浙沪、上至京津塘、下至粤闽桂，皆有人专程到全椒走太平、祈大运。美、澳、意、日、韩、德等国外友人皆结队前来，目前每年参与活动的已达40万人次。

（四）女山湖上的婚礼

安徽省不同的民族、不同的地区，其婚礼也不尽相同。明光市女山湖，湖面辽阔、风光秀丽，水产资源丰富，有渔民八千多人。在这里，按渔家的风俗，婚礼在水上举行，简朴、庄重而又别有情趣。

按这里的渔家习俗，新娘在太阳一出时就要进到新郎家的门，所以婚礼都是在旭日东升时举行。举行婚礼这一天清晨，天色微明、晨曦初露，湖面上还罩着淡淡的轻纱时，一只男方的略加喜庆装饰的迎亲小船（渔民称之为"轿划子"），双桨的把上和竹篙头，系上红布条；前舱板上铺着芦席，芦席上平平整整地铺上一条红棉被，点燃两个用芦苇扎成的火把，在一阵热热闹闹的鞭炮声中，轻轻地荡着双桨，剪开平静的湖面，前去女家迎亲了。

男女两家的船相距不太远，通常只有二三百米。按照渔民的习惯，男家的船不论与女家的船相距多远，即使新郎是另一个湖里的渔民，在举行婚礼的前两三日，也必须把自己的船驶到女家船的附近。女方的船是不去靠男方船的。

女山湖地质公园

此时，新娘早已梳妆打扮一新，在等候上"轿"了。新娘穿红上衣、胸前挂着大红花，有的在大红花下，还挂着一面小镜子。据了解，小镜子是世代渔民每逢喜庆，用以驱妖辟邪、祈求吉祥幸福之用的，这显然还带有迷信色彩。

男方的迎亲小船一到，女方就搬上陪嫁物品（渔民的陪嫁比较简单），新娘蒙上"红盖头"（用一块两尺长的红绸，盖在新娘头上），由两个伴娘（渔家称之为"搀亲"，两家各选派一人），搀扶到"轿划子"上。红棉被上有预先摆上的两条"糕"（方片糕一类），新娘一脚踩着一条"糕"（寓意为祝愿一对新人婚后生活"步步高"）站立着，伴娘搀扶着她分列两旁。接着，点亮由女方陪送的、系着红布条的两盏桅灯（渔民称之为"长明灯"），在船头的两侧摆好，然后"轿划子"起航，缓缓驶向男方的船。

不一会，迎亲小船就载着新娘来到男家。新娘一出迎亲小船，就被送入男方喜气洋洋的"洞房"里，由新郎用秤杆挑下新娘的"红盖头"。所以要用秤杆，据说是表示称心如意。然后，新郎陪伴新娘在"洞房"坐下，渔家称之为"坐房"，又叫"坐富贵"。不一会，新娘的亲人（妹妹或弟弟等），划着一只小船，送来了"开口茶"——糖茶水。喝过"开口茶"，小两口才能说话。要喝糖茶水，意即小两口第一次说话就是甜甜蜜蜜的。接着吃"交心面"，小两口一人一碗面条，各自用红筷子将碗里的面条，挟两筷子放进对方的碗里，这是要新婚夫妇心心相印、白头偕老的意思。

这时，一轮朝阳喷薄而出，满天彩霞映红了宽阔的湖面。湖水在骤起的鞭炮声和渔民们欢乐的笑声中荡漾。婚礼结束了，新的更加美好的一天开始了。

女山湖奇特的水上婚礼，饱含着渔民对幸福生活的向往。在和谐社会的今天，他们的生活，像旭日东升时的朝霞，如霞似锦。

（五）秦栏孝文化

秦栏是天长古镇、皖东名镇，位于高邮湖畔。这里自古土地肥沃，水草丰盛。公元前221—206 年间，秦王嬴政统一天下时，得知这一风水宝地，便下旨广陵县令在秦栏设立牧马场。为使马群不散放走失，就在牧马场的周围架设栏杆，"秦栏"一名由此而得。

天长孝文化源于秦栏镇人朱寿昌的事迹，《宋史》载有他弃官千里寻母之事。元代郭居敬根据朱寿昌等孝行故事，编著了《二十四孝》一书。书中许多故事都是民间传说，而朱寿昌千里弃官寻母是真人真事。

《宋史·孝义传》记载如下：宋，朱寿昌七岁。生母刘氏，为嫡母所妒。复出嫁，母子不相见者五十年。神宗朝弃官入秦，与家人决。谓不寻见母，誓不复还。后行次同州，得之，时母年已七十有余。有诗为颂，诗曰：七岁离生母，参商五十年。一朝相见后，喜气动皇天。

朱寿昌的父亲名叫朱巽，是朝廷的工部官员。生母刘氏是朱巽之妾。寿昌幼时，生母被朱家遗弃，逐出家门，下落不明。从此，母子分离。朱寿昌长成之后，荫袭父亲的功名，出而为官，先后做过陕州荆、南通荆，岳州知州，阆州知州等，然而他并没有因为自己的官运亨通和政绩卓著而忘尽孝。相反，他日夜思念生母，食不甘味，言辄流涕，四处打听，仍杳无音讯。为早日寻到生母，他焚香拜佛，并依佛法，灼顶烧背，以示虔诚。熙宁初年，他毅然向朝廷辞官，只身一人千里寻母，临行时对家人曰："不见母，吾不返矣。"那时寿昌已年逾半百，经长途跋涉、仔细查访，历尽艰辛，终于在同州（今陕西大荔）找到了生母，五十年后重逢，老母已七十有余。那时刘氏改嫁党氏，又生子女数人，寿昌视为亲弟妹，全部接到天长家中供养。

不久，京兆府太守钱明逸将朱寿昌"弃官寻母"事上奏朝廷，请求"褒宠之，以劝激天下"。苏轼、王安石等士大夫也纷纷写诗赞美。神宗皇帝感其孝行，于熙宁三年六月二日诏见朱寿昌，复了他的官职，还封他的母亲为"长安县太君"。

母亲在世时怕打雷，去世后每逢下雨，朱寿昌总是打把伞守护在母亲坟上，后官复原职赴任前亲手在母亲坟上栽下一棵松树，以代替他日夜陪伴母亲，世称"孝子树"。朱寿昌七十而卒，安葬故里，世称"孝子坟"。

在朱寿昌孝亲思想的影响下，天长历朝历代孝星辈出。元代有孝女刘翠平、夏梅花、夏桃花、夏荷花；明代有孝子王枝、孝女杨兰花；清代有孝子戴兰芬（状元）；现代有"中华孝亲敬老之星"朱元良（朱寿昌后代），"中华孝亲敬老楷模提名奖"获得者胡兰，"安徽省十大孝星"刁朝岗、董登岭，"安徽省十大孝星"提名奖获得者李宏祥、刘恒群及市级孝星近200人。

　　如今，在天长，尊老、敬老、养老成为一种时尚，祝寿、拜寿、贺寿形成一种习俗，出现五代同堂、四代同堂家庭和睦共处的和谐现象。老年大学规模发展，老龄公寓遍布城乡，镇镇建起敬老院，村村辟有老年活动室，八十五岁以上老人修家谱立传，百岁老人政府贺寿送大礼……

（六）凤阳花鼓

　　安徽省凤阳县，被人们称作花鼓之乡。这里，数百年来一直流行着一种民间歌舞，因演唱时用两根鼓条轮流击鼓配合，得名"双条鼓"。鼓条梢头扎有各色花绒，又叫"凤阳花鼓"。在演唱时，有小锣配合，故也称"花鼓小调"。

　　昔日的凤阳花鼓，哀怨、凄冷、悲愤，伴着穷人的血泪。一首古老的《凤阳花鼓调》，唱道：

> 说凤阳，道凤阳，
> 凤阳本是好地方，
> 自从出了朱皇帝，
> 十年倒有九年荒。
>
> 大户人家卖骡马，
> 小户人家卖儿郎，
> 奴家没有儿郎卖，
> 身背花鼓走四方。

　　这一曲《凤阳花鼓调》，世代传唱，从凤阳县传唱到全省，从淮河两岸唱到大江南北，几乎传遍了大半个中国。它悲愤地唱出了旧社会穷人为生活所迫，不得不背井离乡的痛苦遭遇，也道出了双条鼓与明太祖朱元璋的密切关系。

凤阳花鼓

凤阳县是朱元璋的故乡。他在1368年做了皇帝以后，要在自己的发祥之地建都，为了充实故乡，曾强迫苏州、镇江、杭州、嘉兴一带的"富民"十四万户，迁到凤阳、定远和今日的肥东、长丰一带落户，规定逃归者杀头。这些人想回乡看看，只好装扮成乞丐，以唱花鼓为名潜回。这是凤阳一带人唱花鼓外逃原因的一说。另一种说法是：朱元璋为了荣宗耀祖，给父母大造陵墓（凤阳皇陵），耗费了凤阳县的大量人力财力。按《大明会典》规定，官员路过凤阳必须"谒陵"，每次"谒陵"都前呼后拥、差役繁重，以致土地荒废、民不聊生，穷苦百姓只好"身背花鼓走四方"。清初史学家赵翼在《陔余丛考》的《凤阳丐者》篇里，有过这样的记述："江南诸郡，每岁冬必有凤阳人来。老幼男妇，成行逐队，散入村落间乞食，到明春二、三月始回。"

双条鼓最初属秧歌一类的民间歌舞，至明代才发展成一种独立的艺术。它随着凤阳外逃的人流广为流传。在明、清两代，不仅在北方广泛流传，甚至成为京城（北京）流行的一种歌舞。对双条鼓在北方演出的盛况，一些诗人有过绘声绘色的描绘。例如，清代孔尚任写道："凤阳少女踏春阳，踏到平阳（山西平阳）胜故乡。舞袖弓腰都未忌，街西勾断路人肠。"清代袁启旭也曾写过这样的诗句："秧歌初试内家装，小鼓花腔唱凤阳。如蚁游人拦不住，纷纷挤过蹴球场。"双条鼓在流行过程中，不断从其他艺术形式中吸收了许多有益的营养。同时，它也被许多外地的艺术形式借鉴，其中以戏曲吸收得最多，如汉剧、徽剧、昆剧、楚剧等。双条鼓的乐曲相当丰富，有《凤阳调》《五更寒》《嫌贫爱富调》《十杯酒》《十劝郎》等一百多种，风格各有不同。有的剧种不仅吸收了双条鼓的音乐，还把打花鼓变成了独立的剧目。

新中国成立后，凤阳人民开始了新生活，双条鼓也获得了新生。凤阳花鼓的传统节目，经过挖掘、整理有了丰富和提高，同时也出现了一些讴歌新生活的节目，如《欢乐的双条鼓》《欢送大姐上北京》等。在表演形式上，从挨门挨户"唱门头"，或在广场上"坐唱"，走上了舞台。由过去单一的两人对唱对舞，发展为独唱独舞、领唱领舞、群唱群舞等多种形式。伴奏乐器，过去除了花鼓小锣，仅有胡琴、笛子等，现在也大大丰富了。

双条鼓以它浓郁的泥土芳香、独特的艺术风格，获得了广大群众的喜爱，受到了人民政府的重视。1955年，全国民间歌舞调演时，毛泽东、周恩来等党和国家领导人，观看了双条鼓的演出，接见了演员。1964年，在"上海之春"音乐会上，双条鼓的演出获得了好评，反应很热烈。

（七）沿淮花鼓灯

花鼓灯，流行在我省淮河沿岸的怀远、凤台、蚌埠等地。这一带，逢年过节，喜庆丰收，都要玩灯。

过去，花鼓灯没有专业演出团体，但沿淮两岸的许多村庄集镇，农民和手工业者，几乎都有自发组织的"灯班"及艺人，平时分散从事劳动，玩灯时便聚集在一起。

花鼓灯演出的场地，多为村头、树下、打麦场上。有时，在树上悬挂起大红灯笼，或燃起高粱秸火照明，锣鼓一敲，便开始玩灯。每逢玩灯之时，四邻八村往往从十里八里外赶来，有的人还把亲戚接到家里来看灯。看灯时，观众围在灯场四周，有的站在板凳上，还有的骑在树杈上。玩灯常常从太阳落山一直玩到太阳升起。有时候，好几个"灯班"遇到一起，锣鼓竞相敲打，热闹非凡。1949 年春，沿淮人民用玩灯庆祝新中国成立第一春，出现了"沿淮红灯密如星，村村彻夜锣鼓响"的盛况。

这种风俗的起源，说法不一。有人说始于夏代，沿淮农民为了感谢禹王爷治水的恩德，在每年农历三月二十八日——禹王爷诞辰，纷纷举灯于河岸上，以示纪念。也有人说始于明代永乐年间，每年春节，点放花灯，祚祝太平，流传至今。《凤台县志》又有这样的记载：花鼓灯历史悠久，从宋代就流传在淮河流域的凤台、怀远一带。三种说法虽不一，但有一点是共同的：花鼓灯渊源久长，它是从逢年过节迎神赛会、在丰年放河灯等活动中，吸收了各种民间艺术的长处，逐渐发展起来的。花鼓灯以歌舞见长，尤以舞蹈为最佳。唱的是农民心里话，舞的是农民自己的步法，表达的是农民的思想感情，所以玩灯这一风俗能世代相传。1978 年以后，随着农村经济政策的落实，农民生活有了较大的提高，在淮河两岸的集镇、农村和县城，喜庆之日玩灯，更为普遍、火红。

花鼓灯演出时，演员有固定的分工。整个灯班的领舞领歌者称"伞把子"，是演出中高举青竹扎架、花绸为翼的灯伞的男演员，他必须具有调度舞形和随口编歌的本领。男角总称"鼓架子"，穿短上衣、灯笼裤，头扎白毛巾。"鼓架子"有大小之分，大"鼓架子"，要能顶人和做叠罗汉式的技巧动作；小"鼓架子"则活泼麻利、善于舞蹈，并且会翻跟斗。女角总称"兰花"，头顶红绸绣球，飘下的两条长带直垂胸前，上身穿紧身彩衣、下穿彩裤，腰扎石榴长裙，演出时手持花扇。花鼓灯舞和歌的精华，几乎都由兰花来体现。

花鼓灯的舞蹈由多种形式组成，群舞叫"大花场"，由数对兰花、鼓架子齐舞，出场和图形的变换，往往由伞把子引领。三人舞或双人舞，叫"小花场"。除舞蹈外，还有灯歌对唱、挎鼓表演和叙事性的小戏，称为"后场"。花鼓灯的舞蹈语汇丰富多彩，目前在演出中尚可看到的舞蹈动作，仍有数百种。单就"鼓架子"肩托"兰花"，摇彩扇、舞绣帕，翩翩起舞的"上盘鼓"

花鼓灯演出

来说，就有"喜鹊登枝""白鹤亮翅""燕子探海""鸭子凫水"等名目繁多的程式。这些舞蹈动作，大多产生于劳动和实际生活，舞姿粗犷、利落，热情、奔放，体现了淮河两岸人民机智、勇敢而又纯朴的性格。

花鼓灯的歌，也叫灯歌，花鼓灯的艺人，擅长即兴创作，能见什么唱什么，甚至连唱几小时不重词。歌词内容丰富、题材广泛，能反映各个时期人民群众的喜、怒、哀、乐。灯歌曲调明快，流行较广的有《花鼓调》《兰花调》等。演唱有独唱、对唱、领唱、齐唱等不同形式，风格也有柔和优美、粗犷高亢、风趣幽默之分。

花鼓灯的音乐，以打击乐为主，演出时用花鼓、大锣、大钹三大件，及镗锣、小钹等。花鼓是全乐队的指挥，所有乐器都随它的节奏而变化，显得铿锵明快、欢腾喧闹，而又变化多端。它包括"坐场锣鼓"和"灯场锣鼓"两部分。"坐场锣鼓"有基本的锣鼓经，如《小五番》《十大番》《闹锦州》等，要求按锣鼓经演奏。"灯场锣鼓"则可以随着演员情绪、表演节奏、广场气氛，进行即兴演奏，时紧时缓，有时粗犷雄劲、气氛热烈，有时悠扬抒情、徐缓清晰。

花鼓灯在长期的发展过程中，形成了不同的流派。总的来说，大致分为两派——怀远派和凤台派。怀远派舞的成分大一些，用鼓领场；凤台派有舞有戏，用锣领场，并加丝弦。怀远派比较文雅、洒脱，步子起伏大一些，动作的节奏感比较强。凤台派"扇子花"多一些，偏重于小脚动作。不同流派争芳斗艳，大大地推动了花鼓灯艺术的发展。在淮河上下，各地区都出现了各有所长、远近闻名的艺人，如"小金莲""小白鞋""气死猴""老蛤蟆"等，这些来自群众的艺名，不仅反映了他们深受群众的喜爱，还恰当地说明了艺人们的不同特点。

新中国成立后，人民政府十分关心和扶持花鼓灯。1952 年，花鼓灯首次进京参加全国民间歌舞，"小金莲"等在怀仁堂演出，受到毛泽东、周恩来等党和国家领导人的亲切接见。二十多年来，中央及各地文艺团体、部队文艺工作者，不断来淮河岸边采歌学舞，有的还对花鼓灯进行系统的研究。一些民间老艺人被安排到专业文艺团体，为培养新人做出了贡献。蚌埠市文工团创作排演的花鼓灯歌舞剧《摸花轿》，已由西安电影制片厂拍成电影。花鼓灯歌舞剧《玩灯人的婚礼》，在全国庆祝国庆三十周年献礼演出中，获得了好评，中央电视台、中央人民广播电台录了全剧，多次向国内外播放。

（八）琅琊山初九庙会

"环滁皆山也。其西南诸峰，林壑尤美。望之蔚然而深秀者，琅玡也。山行六七里，渐闻水声潺潺而泻出于两峰之间者，酿泉也。峰回路转，有亭翼然临于泉上者，醉翁亭也。"

琅琊山位于安徽省滁州古城西南约 5 千米、现滁州市的西南郊，主峰小丰山，海拔 317 米。山不在高，有仙则名。琅琊山古称摩陀岭，唐大历六年（771），滁州刺史李幼卿搜奇探胜，据东晋司马睿任琅玡王时曾寓居于此而转运称帝的传说，称其为琅琊山。后因山川秀美和欧阳修的《醉翁亭记》而名扬天下。

　　登山览胜，沿"二九径"或"天溪云径"可登攀琅琊山顶峰南天门，上有会峰阁和古碧霞元君殿等建筑群。这里是道教活动场所，每年正月初九，人们蜂拥而至，初九庙会热闹非凡。

　　相传很久以前琅琊山并不像现在这样秀丽多姿。东岳大帝的女儿碧霞仙姑因嫌天宫冷清寂寥，便想到人间游山玩水，恰巧落在琅琊山上。仙姑定睛一看，琅琊山一片荒凉，大失所望。仙姑稍作休息后，决定留下来美化琅琊山。碧霞仙姑知道天宫里的甘霖能够使花草变香、清泉变甜，她便每天往返于天上人间，取来甘霖，洒在琅琊山上。她不辞劳苦，终于琅琊山开始长树长花，风景渐渐秀丽起来，如同仙境一般。碧霞仙姑造就了一处人间仙境的消息传到天宫，她的姐妹纷纷要求下来观赏，并约定在每年仙姑的生日正月初九下凡聚会、赐福人间。久而久之，滁人为了纪念碧霞仙姑和众姐妹，祈求人间平安，便在琅琊山顶上建造了一座宫殿，这就是碧霞宫。每年正月初九，人们纷纷前来烧香祭祀，这样，逐渐形成了规模盛大、热闹非凡的"琅琊山庙会"。

琅琊山胜景

农历正月初九，宗教传说是玉皇大帝的诞辰祭日，远近道士相聚，定期举办道教祭坛活动。道教在琅琊山活动历史悠久，早在东晋时就有道士隐居山中，相继建成玉皇殿、玄帝行宫、三皇古殿、元君殿和二天门、三天门等。明代开国皇帝朱元璋建都南京，每年都要派太子、大臣回凤阳老家祭拜皇陵，滁州是必经的重要驿站，琅琊山也是祭拜队伍的必去之所。为彰显盛世、国泰民安的氛围，明朝政府有意支持并认可"琅琊山庙会"这一活动，让民众聚会欢娱，由民间自发活动转为官方组织兴办，自此年年沿袭。此后每逢这日，众多的善男信女便来到山中，烧香拜神、祈祷平安。久而久之，便形成了"琅琊山庙会"。

琅琊山庙会是皖东地区历史悠久、规模最大、影响最广的民间传统习俗活动，有关史志载曰："……多少年以来，每逢此日，众多的香客信士来寺院烧香拜佛，无论阴晴雨雪，人们不计路遥，奔赴寺院进香结缘，祈祷平安。"随着时代的进步、社会的发展，传统庙会逐渐衍生和充实了富有鲜明时代气息的内容，成为人们游山赏景、商贾贸易、信息交流和共歌齐舞的盛会。

这一天，风景区的门票也执行特价。从一大早开始，四乡八邻的来琅琊山赶庙会的人潮就川流不息，路两边卖日用品的，卖小吃的，卖土特产的，卖花木的，卖小动物的，卖中草药的，卖手艺的，卖古董的，卖书的，甚至卖汽车、摩托车、拖拉机、推土机、吊车、叉车的，玩杂耍的，套圈的，打枪的，投飞镖的，看相算命的，还有学校招生的等等摊点一个紧挨着一个，一眼望不到头。还有各类专业文艺团体和群众自发组织的民间艺术表演，有花鼓、旱船、龙灯、舞狮、杂技、魔术等，形式多样、丰富多彩。参加庙会活动的游人，遍及江淮两岸，有上海、南京、扬州、蚌埠、合肥诸多城市的游客。庙会期间人最多时可达10万之众，可谓"人如潮涌，盛况空前"。

三、皖 之 南

（一） 徽州的馃

"馃"字从食从果，"果"本指瓜果，转义也指动物乳房或鸟蛋。"食"与"果"联合起来表示"瓜果形状的点心"。

徽州有各式各样的馃。徽州人除把馃当作日常点心外，每个节日都要做不同的馃，即所谓"时节做时馃"。

徽州民间习俗，历来极其重视时年八节，馃往往被作为时节祭神拜祖的必备祭品，在祭品中仅次于"三牲"。

另外，馃对防治疾病也具有一定的疗效。民谚云："时节做时果"，"时令防时病"，就是有选择性地利用身边适合节气防治常见病、多发病的中草药，拌入米粉烹调成可口馃品，以预防疫病。这样的馃品使人既可享受美食口福，又成为时令药膳，可增进食欲、提供营养、调摄养生。

关于馃还有许多传说。相传乾隆皇帝下江南到歙县时，曾化装成平民在街上购买黄豆肉馃，感觉很好吃，临走时送给饼家一枚小小的印章。饼家便做了一块形状像印章的模块，盖在饼上招徕生意，一时门庭若市、生意兴隆。

徽州石头馃

至今徽州的黄豆馃还保持这一古老的工艺。

黄豆肉馃吃起来酥脆，非常可口。除此之外，皖南山区各地还有民间点心苎叶馃，这种饼碧绿软糯、清香可口，俗有"立夏吃苎饼，天热不中暑"的说法。

像黄豆馃一样盖印的还有其他一些馃子。徽州农村，腊月下旬家家做馃，随便走到哪里，你都会听到"梆、梆、梆"的敲击声。馃模，农民又叫它"馃印"，大体上有"寿桃印"和"清明馃"两类。前者是给老人做寿之用，后者是寄思亡灵所需。

"寿桃印"形状像桃，意思取于西王母吃蟠桃长生不老的传说。馃模用乌柏和杨木雕成，普通的如尖嘴桃，还有桃叶。也有雕成双桃的，桃蒂被美化成寿星模样。桃形内造型有蝙蝠、如意、双钱、元宝、牡丹等，象征吉祥。后来制作更加精巧，如狮子滚球、鲤鱼跳龙门、合和二仙、八仙过海等等。这些雕刻来自民间，质朴简练。寿桃馃用籼米粉掺糯米粉，加甜豆沙或芝麻，入笼蒸后点上胭脂红，白生生、红艳艳，香气诱人、形态可爱，到后来，不但祝寿，甚至生儿育女、婚姻喜庆、馈赠客人、出远门作礼品，都要蒸制寿桃馃，以示祝福。

"清明馃"除用糯米外，主要原料是野艾蒿。相传徽人朱升不愿为官，由独子朱同袭职。朱同在明惠帝手下做官，明成祖夺取帝位后，逮捕惠帝手下的官员。成祖亲自审问朱同，说："如果竹叶成果，我就免你一死。"消息传到家乡，徽州人取果的谐音，制出了竹叶馃送到京城，可惜朱同已死。

从此徽州就有了清明吃竹叶馃的习俗，清明节一到，男女老少提上菜篮到田间地头采摘蒿，回家洗净后用开水烫一下、捣烂，再掺入糯米粉，搅拌均匀，然后拍成巴掌大小的馃。蒸的时候下面垫上箬叶，馃子热腾腾的，口感清香细腻。有的里面还包上馅儿，比如笋丁、腊肉，非常美味，还可以驱赶春天的流行病菌。

传说归传说，别小看给"清明馃"垫箬叶这一极细微的细节，充分地体现了徽州人做馃的独具匠心。箬是一种竹子，叶大而宽，徽州端午包粽子也用它。采用箬叶垫底，不仅能衬托出这种清明馃的自然风格，馃经蒸熟后，更能散发出一种箬叶的芳香气息，和清明馃里的蒿草香味相得益彰，产生一种浓烈的天然特色，而且不易粘住蒸具。

另外，徽州各地还制作一种挞馃，以绩溪的最有名，馃内包上干香椿芽，皮薄而酥脆，挞馃中较小的叫"盘缠馃"，是过去徽州商贩出门"打中伙"的主食。

芦稷馃是用高粱粉作皮、熟黄豆粉作芯，制作馃子烤熟，香甜可口。绿豆馃，则先将绿豆催芽，待皮破芽露时，拌上小麦粉和一点盐，用水调和成糊状，舀进锅铲下锅徐徐炸至暗金黄即可，酥松香脆、清火消食。

徽州馃的品种繁多，美味爽口，成为当地饮食文化的一个缩影。这些馃品制作精细，调味多样，烹调考究，营养丰富，风味独特，堪称色、香、味俱佳，深受人们的喜爱。

徽州民间千家万户的家庭妇女都会做粿，制作的每道工序，都是前辈人在长期实践中总结出来的，要求精工细作。馃的真正精髓就在千千万万普通人家里，而且融于节庆民俗文化中。

（二）绩溪胡氏一品锅

除夕吃年饭，各地都讲究几碗几碟，而徽州人吃年饭，却把菜放到锅里，连锅带炉端到桌上，叫"端锅菜"。平时亲友来了，吃端锅菜，也是敬客之道。

相传，从前徽州出了个毕尚书。有一年他到山东担任主考官，一位姓马的秀才写的文章令他拍案叫绝，很想点他为第一，但一交谈又觉得马秀才恃才而傲，于是犹豫再三。毕尚书的妻子很贤惠，听说后，想劝劝丈夫，又怕他听不进去。这时正要开饭，她急中生智把几个菜全倒进锅里，连锅端上桌。老尚书被弄得莫名其妙。妻子说："现在朝廷正是用人之际，像马秀才这样的人如果你不用他，将来一得志必然与你有成见，毕家的食禄也将难保。所以为妻将饭锅端起来劝君深思。"一席话说得毕尚书猛然省悟，于是奏禀皇帝，钦点马秀才为状元。

过了几年，毕尚书的妻子去世了，于是告老还徽州。临行前，将多年积累的金银财帛装了20车带回故乡。马状元奉劝他不要毁掉一生的廉洁，老尚书没将这话放在心里。谁知出城没多远，又被马状元带着人马拦住。马状元说："恩师，有人正在告你为官不清，我奉旨查抄，如果属实，将满门抄斩。"吓得毕尚书浑身直冒冷汗。不料士兵翻遍20辆车子，里面竟然全是砖头瓦片。这时马状元悄悄说："恩师不听劝告，我只好命人将财物换成砖瓦，供你回去建造住宅。若不然，老师今天恐怕跳到黄河也洗不清了。"毕尚书听了，感动得泪流满面，更加思念老伴，当年正是她"端锅相劝"，让自己举荐了马秀才，现在竟然因其而免于祸事。毕尚书回到家后，逢年过节都邀请家乡父老吃"端锅菜"，乡人从此仿效成俗。

徽州"端锅菜"中，最有名的便是"胡氏一品锅"。"一品锅，三五七层花色多，品其味，离桌不离锅。"一品锅卖相并不讲究，用的不是铜锅，也不是精致的小火锅，就是家常用的双耳铁锅，锅有大、小型号，可根据就餐人数选定，按量配制，图的是家常方便，着重的是滋味和火功。

此菜是皖南徽州地区百姓冬季时令家常菜，徽州人热情好客，客人来到，要把家中最好的食物烩在一锅热气腾腾地呈上。在绩溪岭北一带，每逢红白喜事、四时八节都流行吃一品锅。

据说，绩溪胡氏一品锅的"一品"来源于乾隆皇帝的命名，乾隆皇帝某次出巡江南，轻衣简从、微服出行，过九华山到绩溪上川（今上庄）寻找曾祖墓（相传乾隆是汉人后裔），然后去徽州。行至一处山坞，天色渐暗，一天的奔波已是饥肠辘辘，于是想找个地方用餐歇脚，走着走着，忽见附近有一农舍，便上前叩门。农妇见两个陌生人摸黑登门，不由一惊，问明缘由后便好生款待他们。当时，正值中秋刚过，幸好家中还有些剩余的菜肴，为尽快做好饭菜款待客人，农妇将萝卜、干豆角、红烧肉、油豆腐包等依先素后荤的次序一层层铺于双耳锅里，烧热后端上桌来。皇帝津津有味地吃着这些热烘烘的民间菜肴，赞不绝口，不一会，两人将锅内的菜肴吃了个底朝天。

食毕，皇帝抹抹油问道："这锅菜叫什么？"农妇答道："这大锅菜还有什么名称，不就一锅熟么。"皇帝听了说："这一锅熟名称不雅，此乃徽州名肴一品锅也。"农妇听了不好意思地说："民妇怕二位官人饿着，只不过匆匆热了冷菜罢了，却蒙此厚誉，真是民妇的造化了。"事后，农妇才知道两位不速之客竟是当朝皇帝和一品官。一时间，农妇成了村里的名人，村民争相仿效她烹制的一品锅，慢慢地，一品锅也就成了绩溪民间款待宾朋的佳肴了。

一代文豪胡适任北大校长时，也曾用"一品锅"招待绩溪的女婿梁实秋。先生后来赞道："一品锅，三五七层花色多，品其味，离桌不离锅。"胡适在任驻美大使时也经常以"一品锅"招待外国友人，比如宴请他的美国恩师杜威，赢得举座赞誉，一时成为美谈。

烹制一品锅，是很讲究层次的，一般分四层、六层、七层不等，由于多次下料、多次加汤、多次焖烧，这样才使得菜肴徐徐入味。最底下一层放干豇豆和冬笋。干豇豆先用温水浸泡洗净、切成段，冬笋切片；第二层放鸡块；第三层是白豆腐或油炸豆腐；第四层放五花猪肉；最上面一层放蛋饺或肉圆，再配上菠菜或金针菜。每层加好调味料依次铺好后，放适当的水，开始时必须下猛火，使其全锅滚沸几分钟，再用文火慢煨，历经数小时才能上得桌来。

揭开锅盖，香气四溢，绿色的菠菜和金黄色的蛋饺交相辉映。这个一品锅，主人到底盖了几层，每层味道如何，就要靠食客用心品尝了。肉和蔬菜的滋味互相渗透，肉沾染了蔬菜的清香，味厚实而不油腻，蔬菜借用了肉类的油脂，清香却毫不寡淡。但公认最好吃的还是最底层的干豇豆和冬笋，经过几小时的炖焖，上面几层的汁味都渗透到下面，可谓是鲜美无比。

（三）徽州"抬汪公"

汪华，隋末起兵歙、宣、杭、睦、婺、饶六州，唐武德四年（621）归唐，封越国公，食邑三千户。死后，民间感念其保境安民之功，尊为汪公大帝，纷纷立庙祭祀，庙额"忠烈"。

在历代封建皇帝敕封、褒扬和民间百姓崇奉、诚敬的造神运动中，汪华逐渐由徽州汪姓大族的显祖、农民首领演变成为"越国公""汪公大帝""太阳菩萨"，成为能"出云雨御灾厉"、庇佑百姓、辅佐王朝、有求必应的地方神灵；其九个儿子，也被奉为"一二三太子，四五六诸侯，七八九相公"，成为百姓敬仰的"助护""忠护""八老爷""九老爷"等菩萨。

千百年来，在徽州民间百姓中根深蒂固、影响最广的"汪华信仰"，终于衍生出了丰富多彩的"抬汪公"祭祀的民俗活动，这些"汪王祭"民俗活动又形成了各类具有徽州特色的民间戏曲艺术、民间饮食艺术、民间体育艺术，成为徽州文化中最为生动的活态非物质文化遗产，构成了特独而亮丽的徽州文化生态。

农历二月十五是汪华的生日，家乡人为了纪念他，从唐至今一直举办花朝会。绩溪的庙会以登源的花朝会最为盛大，又称庆"十八朝"，由登源河畔的 11 个村庄轮流举办，每 12 年一轮，每年举行一次。

旧时花朝会规模隆重，据典籍记述，当时敬神的供品蜡烛"大如断柱"，要四个人才能抬得动。而祭品用的肥猪要"公养十二年"，大得像头牯牛。用的南北果品、山珍海鲜，都要盘龙镂凤，极其精致。加上二月十五正好也是百花的生日，各种盆花、古树都拿到庙会上陈列。"花朝会"之名大概也由此得来。

徽州"抬汪公"

　　从正月十五开始，社坛大庙里清扫布置，张灯结彩，正厅前面挂上绛色镶金绣花大帷幕，梁上悬满各色彩灯。十六日，由五隅头首组织村民，撑旗打鼓燃放鞭炮，用四人抬珠珑大轿迎接汪公、太子从村里进入社坛大庙。

　　汪公诞辰，俗称"暖生"，举行神像出巡赛会。老艺人组成乐队，堂鼓、报鼓、喇叭、箫笛等，演奏徽调曲牌和戏文。汪公、太子二神在众人簇拥中缓缓而来，二神已由平时素袍便盔更换上龙袍、金盔，端坐在四人扛抬、精雕细琢、盘着双龙的珠珑轿里，神态威武而安详。太子会的斋官、头首们手拈檀香，虔诚恭敬地尾随其后，护着二神。之后，全村出动，同样以热闹的方式，敲锣打鼓敬迎汪公、太子二神回村。

　　登源的11村都有"万年台"，飞檐翘角，雕梁画栋，用作花朝会期间演戏。登源花朝因为各村12年才轮一回，主事的"斋官"们争强好胜，都以搭"花台"、演"对台戏"为荣。"花台"用几百匹布扎成，正台上下三层，彩壁画屏。两侧的凉亭台阁，都抹上油漆，极其富丽堂皇。同时请来两个徽班演出。开场时先由武打演员竞技，要扑跌到八张桌子，然后各亮出八蟒、八靠、三十二龙套。两家演员都在百人以上。花朝会一直热哄到二月底，戏是日夜场连演不停，远近村镇都来看戏，热闹无比。

　　古徽州"汪王祭"民俗，除以上特色活动之外，各地乡村还有许多让人们津津乐道的特色民俗，比如绩溪上庄"安苗节"、歙县薛潭"划龙船"、歙县中村"扎龙阁"、绩溪扬溪"破寒山"、绩溪墈头"太子会"、歙县渔梁"比亮船"、歙县澹淇"嬉鱼灯"等等。由"汪华信仰"衍生的古徽州"抬汪公"民俗丰富多彩，和贵州屯堡的"抬汪公"民俗交相辉映，是徽州文化最宝贵的非物质文化遗产。

（四）黄山轩辕车会

二月二，龙抬头；三月三，生轩辕。

轩辕就是黄帝，为中华民族始祖，中国远古时期部落联盟首领。《史记·五帝本纪》载："生而神灵，弱而能言，幼而徇齐，长而敦敏，成而聪明。轩辕之时，神农氏世衰。诸侯相侵伐，暴虐百姓，而神农氏弗能征。于是轩辕乃习用干戈，以征不享，诸侯咸来宾从。"

史载黄帝因有土德之瑞，故号黄帝。黄帝以统一华夏部落与征服东夷、九黎族而统一中华的伟绩载入史册。黄帝在位期间，播百谷草木，大力发展生产，始制衣冠、建舟车、制音律、创医学等。

相传轩辕黄帝在平定中原以后，伐淮夷至江南，带来了以车为代表的先进中原文化，当地山越部族遂将轩辕尊称为车公。后轩辕为修炼而栖身黄山，促进了中华南北文化的交流与融合。

自唐天宝年间太平设县以来，在安徽黄山脚下，仙源、甘棠一带民间就一直有以"车会"的形式来纪念轩辕黄帝的民俗。每年农历七月十八日至廿四日，共7日会期。从"洗车"、"落地车"试车试路、"正车"、"祭车"到"收车"进庙，以"滚车"表演为主。

目前，轩辕车会活动的主要区域分布在黄山区（原太平县），以黄山北麓山脉为起点往南沿麻川河水系呈扇形辐射状分布，轩辕车会活动辐射边缘涉及龙门、耿城、焦村等乡镇，影响至周边青阳、石台等县。

太平县人为纪念轩辕黄帝立庙，其中最典型的祭祀庙宇一为明代末叶在县城南门外重建的"忠烈庙"（今为仙源电影院），一为清顺治初年甘棠崔姓在祠西兴建的"东平王庙"（今为甘棠粮站门市部）。

随着时代的变迁，车会逐渐演变为集观赏性、趣味性、参与性为一体且具有健身娱乐功能的大型喜庆集会，直至新中国成立前夕，"车会"在黄山区（原太平县）流传了 1200 余年。

黄山轩辕车会

已是耄耋之年的项元林是轩辕车会安徽省级非物质文化遗产项目传承人，从新中国成立到 1954 年，农村建立合作社时，项元林便一直是农村俱乐部活跃的文艺骨干，先后主演过黄梅戏《天仙配》、庐剧《讨学钱》、越剧《十八里相送》等其中一些选段，以及像"打猪草""闹花灯"等一些小戏。

2004 年，项元林根据记忆和挖掘，对古老的"轩辕车会"历史进行了整理，并投入资金参与制作了仙源古镇第一辆"轩辕滚车"。2004 年至 2006 年先后带领仙源镇的轩辕滚车队伍参与了多次大型民俗表演活动。

2013 年起，黄山区连续举办了轩辕黄帝公祭活动，轩辕车会都是其中主要的节目。黄山人以极其隆重的方式向世人宣告了黄帝与黄山的不解之缘。

轩辕车会每年农历七月十八日"洗车"，将车从庙里请出洗净浸泡；十九日"落地车"试车试路，会首给每辆车披红；二十一日"正车"，先在轩辕黄帝塑像前焚香、烧黄表纸、放鞭炮后出车上路（路线是固定的）；二十三、二十四两日"正车"；二十四日傍晚"祭车"，会首焚香烧纸外，杀一只公鸡将血淋在每辆车上。庙外滚车，庙内唱戏，车不进庙，则戏不散锣。

巨大的车轮在道路、街道、广场滚动，凡能通车的祠堂、庙宇、商店和住户的门前都要滚到，以示降福祛邪，所到之处家家爆竹迎接。"车手"都是男性青壮年，个个肌健体魁、相貌周正，一般是两人滚一辆车，技术高的则一人独操。车轮滚法有：平滚车、夹篱笆阵、飘反车、发绕车、拍绕车、螺旋车等等。在广场表演时，车手和观众齐声呐喊助兴，锣鼓、鞭炮震天动地、气势恢宏。

任何一种滚法都要注意车身上的火焰图案的风向。一辆火轮车五百斤。两人合滚一辆难度不太大，会的人也多；一人独操一辆，发绕车、拍绕车则需娴熟的技巧；螺旋车是一王姓人独创，他有点武功底子再加上技艺精湛，每一出手均博得观众惊叹。

黄山地区，历来只种一季稻，每年七月下旬正值农闲，文化生活贫乏，方圆几十里的男女老幼都赶来看轩辕车会。俗语"七月二十四压断街"，形容观众之多，车会盛况带来了商业繁荣。不仅本镇商家的生意兴隆，且四处商贩也云集于此，促进了远近地区商品物资的交流。

（五）徽州的船会

徽州多山水。徽州的山，群峰林立，雄奇险峻，连绵不绝。黄山、九华山、齐云山，是群山中的佼佼者。徽州的水，温情脉脉，连接和沟通着这一方天地，特别是新安江，《中国国家地理》是这么说的，"历史上，徽州人爱以'新安'自称，如朱熹就自谓'新安朱熹'；他们亦将此名称赋予众多引以为豪的文化硕果，如新安理学、新安朴学、新安画派、新安医学，至于那曾称雄中国商界500多年的徽商，也曾有过一个共同的名字：新安商人"。

新安江还是一条诗意的河流，这条河曾吸引了无数诗人，留下无数美丽的诗篇。这条全长不过300千米的河流是徽州最重要的血脉，它发源于休宁县的六股尖山，称为率水，在屯溪老桥下，与横江交汇，之后又与另一条同样支流众多的练江融为一体，汇成了新安江的主脉。再经淳安至建德与兰江汇合后成为钱塘江干流桐江段、富春江段，成为钱塘江的正源。

新安江上多船户，从徽州沿江而下，可直通苏杭。

屯溪的端午节龙舟竞渡历史悠久，以新安江船户为主。赛龙舟自古是汉族在端午节最重要的民俗活动之一，在我国的南方很流行，在北方也有划旱龙舟的习惯。关于其起源，有多种说法，有祭曹娥、祭屈原、祭水神或龙神等祭祀活动，其起源可追溯至原始社会末期。

端午时节，秀丽的新安江两岸观者如潮，三条敞篷架上插满各色彩旗的龙舟，由罗汉松段江面起航，逆流而上。每条船上有 20 名精壮的水手，在锣鼓和鞭炮的助威下奋力挥桨。龙舟穿过屯溪大桥后，掉头泊于小澎湖江面。这时，高昂的龙嘴喷吐出一股袅袅的黄烟。站在桥上、岸上的人们便向水中抛撒"宝贝"，龙舟上的水手开始大显身手，从 2 米高的木架上用各种姿势轮流跳入波光粼粼的江中，潜水寻宝，惹得围观的群众不时发出叫好声。江上岸畔，人潮声、击鼓声此起彼伏，非常热闹。

除了龙舟竞渡，徽州还有一些与船有关的民俗活动，比如亮船会和神船游街。

徽州的古码头很多，渔梁是其中最为重要的一个。渔梁本来是一个离歙县县城东南1.5千米的古村落，渔梁的名称由坝而来。宋朝建都杭州，渔梁由于依靠新安江，水路的发展由此兴起，历史上曾商贾云集、繁盛一时。因为它坐落在古徽州府边上，古徽州商帮大多从此出发，沿新安江顺流而下，更为重要的是府衙的官员们要出去也只能以此为道，渔梁便显得尤为突出了。

每逢农历闰年的九、十月，在练江上用两只木船联成一对，卸去船篷，用竹木制成架子，外边包上纱布，扎成亭、塔、楼、阁、牌坊、鲤鱼等，中间点上烛灯。灯旁是乐队，笙歌齐奏、锣鼓喧天。亮船一般 6 对，其后还有好几只木船尾随。船在渔梁古坝上下游各游弋一夜，波光灯影，十分优美。亮船又叫"水游"，同时还有"旱游"，也就是岸上乡民玩灯，敬各种菩萨。江面上、岸边，交相呼应，妙趣无穷，四乡百姓汇聚观赏，热闹非常。

祁门一带，则有"神船游街"的习俗。相传宋朝时祁门曾经发生过一次瘟疫，当时一个四川籍县尉建议，按西蜀风俗扎一只神船游街，祈祷瘟疫散去，后来瘟疫逐渐消失了。就这样，神船游街成了祁门祈求平安的一种风俗，由于规模盛大、热闹非凡，人们又称它为"祁门狂欢节"。

神船游街每年农历四月十五开始筹备，这一天"迎竹于市，诣双忠庙制神船"，通俗的说法叫"驮竹过街"，也就是把扎神船用的大毛竹扛到祁山脚下双忠庙。扎神船在庙里，神船长10多米，船头上"眼鼻耳口"俱全。船身赭红色，似船非船，似龙非龙。

端午节早上，船上坐着12个人，分别扮成太阳神、土地神、判官、小鬼，人们称这些神叫"儿郎"。船由30多个壮汉抬着。船的后边有10多个人拿着鞭子，吆喝驱赶神船，从双忠庙出发进城游街。这时，每家店铺都要焚香膜拜，并大放鞭炮。船上全套锣鼓、儿郎对奏《唢啰曲》。全城万人空巷，欢声雷动。

儿郎纸帽传说抢到可以交上好运，于是，"抢儿郎帽"成了活动中的高潮。喜欢热闹的人事先就准备好竹竿和杈，伏在街两旁的阁楼上，趁神船经过时挑儿郎帽。除儿郎帽外，船头儿郎手中的一把木榔头更成了全城人的追逐目标。旧时传说抢到这把榔头送给孕妇会生男孩。可木榔头只有一个，还要到游街结束时才能抛出，这就吸引大群的人跟着神船跑到底，眼睛紧盯着那只榔头。一旦抛出，大家就拼命抢夺。

神船游街时，前导的有赵、马、温、关四大将军的纸扎神像，殿后的是张巡、许远、史老爹和痘娘娘塑像。每像四人抬着，前伞盖，后香盘，前呼后拥甚是热烈。整个狂欢从上午8时一直闹腾到中午12时，最终将神船推到三元门外的阊江里随水漂去，似乎各种不吉和瘟疫也会随水流走了。

（六）宣城水东皮影戏

宣城市水东镇位于宣州区东南，与广德、郎溪、宁国交界，是宣州区东大门，水阳江沿镇西南流过，皖赣铁路隔河相望。

水东镇历史悠久，文化底蕴深厚，旅游资源丰富。据记载，水东建镇历史1100多年，镇内古迹众多，有晋朝古寺、唐代古刹、宋代山庄、明清老街等等，杜牧、刘禹锡、梅尧臣、施润章都留有大量赞美水东的诗文。

明清时期，古镇水东因水阳江这条"黄金水道"而成为鼎盛的商埠码头。上街头、下街头、正街、横街、当铺街、网子街、沈家巷等街巷纵横交错，形成连环街市。现存的老街街区面积约0.5平方千米，街道全长740米、宽4米。其中，代表性的建筑有"大夫第""乌龙院""防火钟楼""汪同发油坊""庆昌仁当铺"等。老街入口处的宁东寺（又名三官殿），始建于唐代，是宣州现存最古老的寺庙。

老街的"十八踏"和"五道井"，是两处极有特色的历史遗留。"十八踏"上又建一幢二层牌楼，古朴典雅，与老街风貌浑然一体。十八踏下一道井是青石砌成的方形古井，井下有一个20余米长的水池，一座石拱小桥划分用水类别：桥上饮用，桥下盥洗。井水清澈甘洌，终年不涸。

在水东老街，茶余饭后最吸引人的还是皮影戏。皮影戏，旧称"影子戏"或"灯影戏"，是一种用灯光照射兽皮或纸板做成的人物剪影以表演故事的民间戏剧。表演时，艺人们在白色幕布后面，一边操纵戏曲人物，一边用当地流行的曲调唱述故事，同时配以打击乐器和弦乐，有浓厚的乡土气息。

皖南皮影戏400年前随湖北移民传入，流传于宣城市及皖南和毗邻苏浙地区，并广泛汲取皖南民间小调、花鼓戏、绘画、雕刻、剪纸等民间艺术精髓而逐渐发展起来。

水东老街上有一座"皮影博物馆"，由皖南皮影艺人何泽华创办。何泽华原是一位酷爱皮影的普通农民，他的祖辈大都是皮影艺人，到何泽华这一辈，已经是第九代。从小耳濡目染，20岁时，他已能灵活地操纵那些跃动的皮影。

作为皖南皮影戏的第九代传人，2010年1月，何泽华将他数十年收藏的1万多件皮影荟萃展出，创办了皖南的第一个民间皮影戏博物馆。这些皮影出自清代、民国和现代等不同时期，具有极高的历史价值和艺术价值。何泽华用自己的努力挽救和传承着皮影戏这门有着"中国最古老的电影"之称的传统艺术。

皖南皮影博物馆分上下两层。一楼摆放的是何先生自己收集的一些珍贵皮影作品以及关于皮影制作工艺和演出现场的泥塑示意图。在展厅的墙壁上，

水东皮影戏

一套"三国人物"反映出明清皮影的艺术风格和历史厚重感，一套"近代历史人物作品"则散发着浓浓的时代特点和艺术气息，还有那一幅幅装裱着的单独的清代或民国时期的作品，都有着不同的色彩和雕刻风格。在大厅中央摆放着一个玻璃柜台，里面陈列着两套泥塑作品，一套描绘的是古代皮影演出的场面，另一套展现的是皮影作品整个制作、加工的工艺过程。在柜台边上，还摆放着何先生收集的几十册皮影剧本，发黄的纸张、沧桑的文字是时光给它们留下的痕迹。

展馆二楼展出的是何泽华自己的作品。相较于一楼的作品，二楼明显多了些色彩。何先生的作品都是大幅的历史或神话事件场景，如"怒斩陈世美""仙人讲经"等，画面内容本身更加丰富，形象刻画更加具体生动，色彩运用上也更加不拘一格。

可惜在民间，皖南皮影艺人越来越少。20世纪五六十年代，活跃在安徽乡间的60多个"挑担子"（表演团往往挑着道具下乡演出，四人便能组成一个团），如今仅剩下3个。能够表演的大都是老年人，肯学习皮影戏的年轻人已经很少见了，老艺人年龄普遍都已经在70岁以上。

在老人们眼中，皮影戏还是那种能够"一肩挑"的戏，农闲时节在堂屋或者稻场，左右邻居拿条凳子，围在一起听艺人唱几出戏，是一种莫大的享受。皮影戏寓意着风调雨顺、五谷丰登，这些习俗流传至今，却已经没有多少人记得或愿意传承了。

皮影戏作为农耕时代的产物，发展至今已经失去了它原有的吸引力，人们的兴趣也已经为其他事物所取代，但是作为一种古老的民间文化，它的历史地位却从来没有下降，反而随着岁月流逝不断深化着自己的文化底蕴。

（七）月下摸秋

中秋佳节作为仅次于春节的中国传统节日，它自然也有着瑰丽奇异的传奇神话故事和异彩纷呈的民间风俗习惯。数千年来，其节日中的传统民俗一直深受国人推崇和延续。摸秋，自然是最具代表性的民俗之一。

摸秋，又称捞秋，流行于黄河下游、淮河流域、长江流域。摸秋始于何时已无记载，现在能见到这一风俗的最早记载，是清朝梁绍壬的《两般秋雨庵随笔》，记载云："鸠兹（今芜湖）俗，女伴秋夜出游，各于瓜田摘瓜归，为宜男兆，名曰摸秋。"

安徽的摸秋习俗多存于皖南及皖西南各地。摸秋，一为祈求生育，它或为青年人摸摘瓜果相送，如黟县青年人结伴到菜地偷瓜，将偷来的冬瓜、南瓜等送给新婚夫妇，祝愿他们生个像瓜一样结实的胖娃娃。宿松的青年男女多结伴野游，有的潜入菜园瓜地，做"偷"摘瓜果棉桃之戏。更有好事者，扮成"送子娘娘"，头戴珠冠、身穿彩服，怀抱冬瓜饰成的婴儿，随鼓乐、笙箫伴奏，送予新婚夫妇或缺子之家，俗称"麒麟送子"，以博取人家的盛宴款待。或为妇女亲自到田间摸摘瓜果，如旧时芜湖的中秋夜，妇女结伴到瓜架间、豆棚下，随意摸索，俗信摸得南瓜者将生男，摸得扁豆者将生女；铜陵人则认为只要摸到的是红的果实，均可视为有添喜得子之意。一为预测人生的命运与年成，芜湖人认为摸到白扁豆者，为夫妻举案齐眉、白头偕老之意。六安、金寨等地人认为摸到大椒要害眼；摸到高粱是钱串子，财运好。铜陵人则以摸取瓜果的顺利与否来预测人生的顺利或多舛。休宁人摸摘瓜果、苞芦之类，每人仅限一种，意为占卜运气。肥东的乡村少年，则以村为单位组织火把比赛，尽兴归来，按照旧习，每人还得摸点农作物，如棉桃、大椒、花生等，俗话说摸到什么来年什么就丰收。

摸秋，各地都有共同的"八月十五摸秋不为偷"的谚语，因此凡丢了"秋"的人家，不管丢了多少，也不叫骂。有的还故意遗"秋"引"偷"。摸秋因富含深厚的文化底蕴和纷呈的活动事项，成为中秋节日文化中的重要组成部分。近年来，在安徽各地，摸秋甚至被开发为旅游产品，彰显了其自身独特的文化价值和经济价值。

（八）茂林花砖

茂林，是泾县西南部的一座古镇，因其名人辈出，还有着极富特色的建筑，自古便有"小小泾县城，大大茂林村"之说。

走进茂林村，盖有小青瓦的白色马头墙高低错落，掩映在屋旁院内的绿树丛中。茂林在明清时期发展为占地约有三四平方千米的大村落，其中以府第园林为主的建筑物鳞次栉比、气度恢宏。从前有一民谚称："七墩、八坦、九井、十三巷，三十六轩、七十二园，一百零八座大夫第。"如今，虽然多处府第园林已成断垣残壁，但众多的街巷，仍然能让人感受"大大茂林村"的气势。

脚下的鹅卵石路边，墙根下有清澈的沟水流淌，路与水一道向前伸展，它们通向每家每户，连接所有的宅院。这是古茂林人采取建堤、筑堰、挖渠等办法引水入村，供居民饮用、消防和园林造景之用，和黄山脚下的宏村一样，"活水穿村"的规划构思给全村居民的生活带来极大便利。

茂林人盖屋也很讲究。无论祠堂庙宇还是官邸民居，一色土木结构，花砖黛瓦。先竖立屋架再盖瓦砌墙，然后装楼板铺地板，安板壁隔房间，镶夔门竖屏风，清院落整地坪。全部完工一鼓作气也得一两个月甚至半年，其开支用度要花掉主人十几年甚至小半辈子的积蓄。

村中建筑最吸引人的是吴氏大宗祠，在整个皖南，匾额上书"大宗祠"的非常少见。整个宗祠，依中轴线建门厅、享堂、寝室楼三大进，东西两侧建有边屋。大门前设抱鼓石和石狮各一对。祠内共有 18 根方形白石柱、64 根圆木大柱，屋顶为硬山式。门厅内两边各装一间厢房，其后是四方形大天井，天井当中用麻石砌一条过道，两侧砌花墩分别栽扁柏和桂花树，取"四季常青"之意。天井两边有较宽的走廊，连接第二进大厅，大厅可容纳数百人做祭祀及集会活动。屏风上首高悬"叙伦堂"三字横匾，两边墙上嵌青石碑刻"忠、孝、节、义"四个大字。厅中的月梁、瓜柱、撑拱和平盘头等构件上，鎏金绘彩，刻有卷草、云头纹饰，以及龙凤、狮象、麒麟和人物图案。柱础和走廊的墙裙上，也有很精美的雕刻。享堂后面又有一长方形天井，下面一对金水池，当中架单孔石拱桥。金水池用麻石砌护，上有狮头白石柱和青石栏，石栏上浮雕如意纹饰。第三进是二层楼房，上下均有木制神龛，安放历代祖先牌位，称之为"寝室楼"。

在建筑中，聪明的茂林人还发明了一种"花砖"。到过茂林的外地人无不对古民居中使用的花砖感到新奇，总是不由自主地停下脚步投以赞赏的目光。花砖是同一块砖上有青、白两种颜色，白如玉、青如墨。纵览整个墙面，或细看某砖块，均可以看到一幅完整的图，若飞禽、似走兽，如鲜花、似绿草，

茂林花砖

或行云流水，或苍松翠树，或似骏马奔驰，或似老人闲庭信步。

花砖还有一个特点是不沾灰尘，现存贴有花砖墙面的房屋大多是清朝的，距今最少也有一百多年了，历经百年的风吹雨打，花砖墙面的纹饰依然十分清晰，用手摸一摸，砖面没有一点灰尘，比贴瓷砖的墙面还要干净。

这种花砖上的纹饰，不是经丹青妙手绘制其上，也不像徽州地区能工巧匠们精雕细镂的砖刻图案。茂林花砖上的花纹，不是浮在砖表面上的，而是窑工们用多色泥土，分层糅合，制成砖坯，凉入干窑，严格控温烧制、变色而成。花砖以乳白色为底色，花纹的颜色变化无穷，黑中有白、白里有灰，花纹粗犷豪放，色彩过渡自然，有中国画的水墨山水的味道。

据说，当时生产这种花砖的砖窑，建在寒潭村的窑弯里（今属凤村乡境内）。在地质年代的远古时期，这里是一片汪洋，泥沙渐渐淤积，露出水面，形成陆地的地表。在淤积层中，有一层类似高岭土的白色泥层，窑工们取出这些白色的土，再翻过东村岗，在东村田湖里，取回灰黑色泥土，按颜色分类踩熟，再叠合揉制压实，制成砖坯晾干。砖坯要求泥料细腻、不含砂粒，结构致密，四角棱清，平整光滑如同砚坯。烧制成功的成品花砖，手指弹上去，能发出铿锵的金属之声。

明清时代，茂林人建筑府第轩园，用花砖装潢门墙或堂厅四壁，能工巧匠们利用花砖上的自然线条和花纹，进行排列组合，构成妙趣横生的山水人物、行云流水、飞禽走兽等壁画图案，形成当地特有的建筑民俗文化。

从茂林残存的古建筑推断，花砖作为一种本地生产的建筑材料，始于明而盛于清。道光以后，战争频繁、民不聊生，窑工们烧窑难以维持生计，被迫关窑停产，以致让花砖制造工艺失传，实在令人惋惜。

（九） 观音灯会看砖雕

全国各地多在正月十五举办元宵灯会，而徽州特别，却在十三晚上举办"观音灯会"，它是由明朝砖雕艺师发起而传沿成俗的。

在这天晚上，每家每户都会拿出各种各样的灯，如模拟动物的灯：鸡、兔、鱼、牛、羊、马，或是圆、方、扁、棱、角，各种形状，绘制人物故事、山水风景的灯，通常每家门前至少挂 8 盏灯，有的大户人家挂得比较多，可以多到 64 盏。灯把门头和檐下的砖雕照得清清楚楚，砖雕上有人物故事、山水风景等等，人们沿路走去，一边看灯，一边欣赏各户的砖雕，并进行品评，场面文雅而欢乐。

徽州的砖雕，历史悠久，雕刻精致，独具一格，名闻中外。徽州建筑多用青灰色的屋脊和屋顶，雪白的粉墙，水磨青砖的门罩、门楼和飞檐等，门槛和屋脚（升高地面一二尺）皆用青石或麻石，有的人也用水磨青砖平铺，而后用圆头铆钉固定在木质门板的表面。像这样的建筑，砖雕装嵌其中，十分和谐协调。

徽州砖雕图案的内容很广泛，人物、山水、花鸟、走兽、博古、几何形体、文字等等，可谓无所不包；还有名人逸事、文学故事、戏曲唱本、宗教神话、民俗风情、民间传说和其他社会生活等题材。既有描绘帝王将相、贵族生活，以及文人墨客的风雅画，或是商贾远行的旅途生涯、学子们伏案攻读绘画；又有砍柴的樵夫、待耕的农夫、牛背上的牧童、纺车前的村姑，还有饲养家禽家畜、推车、担水、撑船的等山区劳动人民形象；也有儿间游戏、游艺表演、耍灯、舞龙舞狮民间活动的欢庆场面；表演戏曲上打仗、比武的画面也比较多。常见的如《三国演义》中的《关云长夜读春秋》、《水浒》中的《武松打虎》、《红楼梦》中的《大观园惜春作画》、《西游记》中的《比丘国救婴儿》等。戏剧题材，如《郭子仪拜寿》《刘备招亲》《古城会》，神话传说如《合和二仙》《八仙过海》《蟠桃宴会》，民间故事如《彩衣娱亲》《牛角挂书》《百恶堂》《百子图》《太白醉酒》《五谷丰登》，还有耕读渔樵、寿福寿、麒麟送子等等。

徽州屯溪博物馆收藏的藏品"清代人物门罩砖雕"，颜色为淡灰色，土质细腻、坚硬，由 52 块砖雕拼接而成。砖雕画面主板内容为三国故事，有三组，从左至右，左边一组为长坂坡和赵子龙单枪救阿斗，中间为刘备招亲，右边为借东风。画面雕刻有楼台、亭阁、屋宇、人物，其布局严谨、疏密得当，远近适宜、层次分明，人物神态生动。安徽省博物馆藏有《郭子仪上寿》《百子图》等，都是徽州砖雕的代表作，表现出高超的技艺。

徽州砖雕

　　徽州砖雕由明代徽州窑匠鲍四首创。相传鲍四跟父辈学会了烧窑活计，砖瓦生意虽好，但烧砖要花去不少时间和人力，挣的钱却很有限。他看那些在外做生意的往往都赚了大把银子回来，盖房买地，大把大把的钱钿往外掏。鲍四看着眼红，就卖了砖窑到淮安去做生意。没想到，几年生意做下来，鲍四竟成了徽州首富。

　　鲍四非常得意，不由开始炫耀，先是在淮安修了鲍四庙，塑了自己的全身像，又夸口说要造一条鲍四街，讲自己钱财无数。有一天，一位手抱长颈瓶、瓶插杨柳枝的中年妇女，来到鲍四面前一个稽首说："鲍老板，你别吹牛，世上只有技艺无尽头，哪有什么钱财无限！"

鲍四听了不由得红了脸，反问道："你会什么技艺！"中年妇女说："我会做莲花。"鲍四不信，争执起来，于是双方立下赌约，自己一步放一个元宝，对方得跟着放一朵莲花，一决输赢。那妇人满口答应，向前走一步，用手往地上一指，地上便现出一朵莲花，鲍四便跟在后面放上一只元宝。这样一步一放，半里路下来，那妇人的莲花还有，但鲍四的元宝已经用光了。鲍四只好认输。

后来，淮安人用地上的元宝在那放莲花的路面上修了街，起名叫"莲花街"。鲍四变回身无分文，只得砸了庙中的自身像，凑了点盘缠，回到徽州，重操旧业——烧窑。有人告诉他那以莲花赌元宝的妇女是观世音，鲍四才醒悟过来，"钱财有限，技艺无穷"，这是神仙来点化他啊！从此，鲍四一心埋头烧砖，由于对莲花印象太深，便烧出莲花砖，渐渐又在砖上刻了花木、虫鱼、人物、楼阁。几年后，鲍四的技艺逐渐娴熟，还收了几个徒弟一心研究砖雕。那时候，一些徽商发财致富后，纷纷回到故乡大兴土木，修祠堂、建宅第，往往不惜重金，家家都开始在宅第里用上美丽精致的砖雕。从此徽州砖雕发展起来，名扬全国。

鲍四和徒弟们还发起了"观音灯会"，观灯看砖雕的民俗便一代一代传承了下来，成为极具徽州特色的民俗文化。

（十）旌阳蓑衣箬帽会

皖南山区，黄山北麓，有古县旌德。旌德之地，春秋战国时期先后隶属吴、越、楚国，秦属鄣郡，汉隶泾县。

旌阳镇地处旌德县境东南部的丘陵与河谷平原之间，系河谷平畈区，徽水、白沙河自东南而来，穿镇而过，汇于城北，流入青弋江。境西牛山雄踞，高 1037 米，南有梓山，海拔 476 米；镇中徽水河上"淳源""驾虹""黄济"三座古桥遥相呼应，素称"三桥锁翠"；城中文昌塔巍然耸立，大成宝殿古朴雄伟，整个城区依山跨水，风景如画。

自古以来，每年农历三月二十八日，都有一次传统的盛大群众集会，当地人们都习惯地称之为"蓑衣箬帽会"。

这还要从东岳大帝说起。早年在县城南面的梓山上，有一座东岳大帝庙，建于明朝嘉靖年间。宋代吴自牧《梦粱录》一书记载：（农历）"三月二十八"乃东岳天齐仁圣帝诞辰之日，其神掌天下人民生死，诸郡邑皆有行宫奉香火……

旧时，农历三月二十八日，每逢出菩萨会时，旌德四乡和邻县绩溪等地的农民，皆纷纷结伴前来观看迎神赛会。人们抬着菩萨，旗锣开道，鸣铳放炮，香花灯烛，百戏杂陈，并有象征皇上的仪仗队伴随，还要唱戏酬神等。

四面八方的群众都赶来看热闹，有些农民和工匠，便把自己生产的农副产品、手工制品、瓜秧果苗、家禽耕畜带来进行交易，同时换取自家所需要的物资。此时，正值春耕生产季节，农民最需要的是蓑衣、箬帽，凡参加庙会的农民，几乎人人都要买上一顶。所以人们又把这个庙会称作"蓑衣箬帽会"，一直沿袭至今。

到了民国十八年（1929），当时的国民党旌德县党部发动青年学生破除迷信，学生们登上梓山，将东岳庙、东平殿、城隍庙内的泥塑木雕菩萨像全部推倒。自此以后，旌德一地便不再出菩萨会了。

但是到了农历三月二十八这一天，旌德四里八乡的人们仍然照样进城，蓑衣、箬帽，各种日用百货云集。后来，当地除了赶集外，外地医卜、星象、跑马卖解的客商也赶到旌阳。"三月二十八"的集会规模一年比一年扩大。

抗战期间，皖南事变后，1941年春天，国民党害怕新四军皖南游击队进城，三月二十八这一天严格盘查，群众无法正常赶集，这一届蓑衣箬帽会被迫中断。

1949年4月24日，驻扎在旌德县城的国民党保五旅宣布起义，皖南游击队开进旌德县城，旌德于解放军渡江部队到达之前宣告解放。第二天恰好是农历三月二十八，旌德城乡群众，涌入县城，花棍秧歌、宣传队土广播与传统习惯的"蓑衣箬帽会"融为一体，鞭炮锣鼓，欢庆新中国成立，热闹非常。

后来，人民政府对"三月二十八"进行引导，促进城乡物资交流，还举办通俗展览，进行各种宣传。1952 年，县政府曾先后在县城、三溪、庙首等地举办物资交流会，与会的有全县国营、私营、供销合作商业、手工业，以及南京、杭州、芜湖和邻县商贩、群众，共约 10 万人次。

虽然政府提倡移风易俗想改变原来的赶集的日期，但群众习惯旧的庙会日期，于是 1955 年起政府恢复旧日习俗，于农历三月二十八日在县城举办物资交流会，从 1962 年起正式定名为"旌德县三月二十八物资交流会"。每次都有工业品、手工业品、农副土特产品、小商品，耕牛、仔猪、家禽、竹木柴炭，以及游医、文化等市场。通常会期 3 天，耕牛市场一般为 5 天。与会者有本县和邻县工商业户，还有上海、江苏、浙江、福建、江西、湖北等省市客商。

"三月二十八"，裹衣箬帽会，成为旌德县一个固有的节日。每年到了这一天，即使不提前通知、不发邀请书，各地商贩也会像候鸟一样，如期从四面八方涌到旌德。

（十一）池州的傩戏

"傩"是一个很古老的字。《诗·卫风·竹竿》："巧笑之傩，佩玉之傩"，这是形容人的行走姿态柔美。后来，这个字多指的是迎神驱鬼的宗教仪式，《论语·乡党》里说"乡人傩，朝服而立于阼阶"，意思是人们在举办祭祀仪式时，主人要穿礼服站在东边的台阶上来迎接。

中国的傩戏有着悠久的历史，它源于原始社会图腾崇拜的傩祭。到商代形成了一种固定的用以驱鬼逐疫的祭祀仪式，先秦时期就有既娱神又娱人的巫歌傩舞。明末清初，各种地方戏曲蓬勃兴起，傩舞吸取戏曲形式，发展成为傩堂戏、端公戏。

傩戏于康熙年间在湘西形成后，由沅水进入长江，向各地迅速发展，流行于四川、贵州、安徽贵池、青阳一带以及湖北西部山区，形成了不同的流派和艺术风格。湖南、湖北的傩堂戏吸收了花鼓戏的表演艺术，四川、贵州的傩戏吸收了花灯的艺术成分，江西、安徽的傩戏则吸收了徽剧和目连戏的养料。

围绕九华山麓方圆百千米的贵池、石台和青阳等县（区），尤其集中于池州市贵池区的刘街、梅街、茅坦等乡镇几十个大姓家族，史载"无傩不成村"，在小农经济条件下的宗族中代代沿袭，互不交流，没有职业班社和专业艺人，至今仍以宗族为演出单位，以祭祖、驱邪纳福和娱神娱祖娱人为目的，以戴面具为表演特征，保持有宋杂剧和古傩戏的风貌，被誉为"戏曲活化石"，以其古朴淳厚的魅力打动人心。

比如池州傩舞《舞伞》，系古代春祈秋报的舞蹈，其雏形是在社坛前手执黍穰而舞，先秦称绂舞、汉代称灵星舞、隋代称拂舞、宋代称竹竿拂子、当代称伞舞。一把伞舞了几千年，留下了秦汉明月、唐宋风云和明清雨露。

傩舞《打赤鸟》为楚文化遗存，是楚人祝国祈年之舞。谚云："赤鸟蔽日，奂在荆楚。"楚昭王向周太史请教办法，不得；后楚人以桃弓棘矢射赤鸟，以祝国。《史记》的记载已无从考证，而池州一带的傩舞却将其流传至今。

池州傩戏传统剧目《刘文龙》，写汉朝刘文龙与妻萧氏悲欢离合的故事，这个故事在宋代已流行，原名《刘文龙菱花镜》，曾收在明代《永乐大典》中，可惜在八国联军侵略中国时失落了，但却非常幸运地保存在池州傩戏中。

池州傩戏有"傩仪""傩舞"和"傩戏"等表现形式。整台"正戏"，饰演既有戏剧情节、表演程式，又有角色行当和舞台净末等戏曲特征的"本戏"。靠"口传心授"的方式，宗族师承、世代沿袭，每年例行"春祭"和"秋祭"，"春祭"即每年农历正月初七（人日）至十五择日进行，"秋祭"即农历八月十五进行，平时不演出。

傩舞是正戏演出前后的舞蹈，一般情节简单、寓意较深，内容多是驱灾逐疫、祈求丰收、平安吉祥的吉利语，舞时大多用锣鼓伴奏，配合身段，节奏明快、动作性强、粗犷有力，有一种东方古典雕塑艺术的自然美，其经典之作《舞回回》堪称唐代乐舞《醉胡腾》的翻版；傩戏有唱有白，有完整的故事情节，比如传统剧目有《刘文龙》《孟姜女》《章文选》等。

傩戏表演要戴面具，面具俗称脸子、傩神、菩萨等，多用柳木、枫杨精雕细刻、油漆彩绘而成，形状为外突内凹，眼珠与眼角镂空，便于演员张望。戴时头上均扎一块红头巾作为装饰，面具造型丰富多彩，有各种颜色，因人物身份性格不同，造型也形象夸张、穷工极巧：或青面獠牙、恐怖凶悍，或神气逼人、刚强暴烈，或细眉窄眼、奸邪狡诈，或温良恭谦、淳朴忠厚。

经过傩仪祭祀后，乡民们认为这些脸子已附着灵性、具有神格，所有的天上、人间、艺术之神都降附在这些脸子上，成为傩神，不可亵渎。

池州傩面具，因地域、家族不同，其数量质料、尺寸色彩、功能佩戴也不尽相同。面具数目也有差异，13 枚称十三太保、18 枚称十八学士；还有按天罡地煞排例，有二十四地煞、二十八星宿、三十六天罡等。面具有全脸和半脸，分通用与专用两种。全脸戴在脸上与五官基本吻合，半脸略小，戴在额上，只遮住上脸部，露出嘴，以便演唱。

通用脸子多为正面人物，如刘文龙、孟姜女、萧氏女；专用脸子多为特殊身份的角色所用，如二郎神、关羽、包拯、钟馗、尉迟恭等。现存刘街乡"荡里姚"面具有皇帝、招魂使者、狄将军、张妃等，刘街乡"茶溪汪"面具有土地、刘文龙、关公、老和尚、伞童等，这些面具是明清朝所遗留下来

池州傩戏

84

的，极为珍贵。还有现代民间艺术雕刻的面具，如千里眼、顺风耳、张龙、赵虎等。

茅坦山湖村，由十个自然村组成，位于贵池东部，北临长江，东倚青铜河，隔河与青阳县相望。老屋唐、新屋唐、阳春王、项家四个自然村结成一个傩戏会，共用一堂（共十九尊）面具。每年正月十四和十五两日为四村活动日期，山湖村唐、王、项三姓的踩马有踩"地马"和"高跷马"两种形式，分别用在仪式的不同场合。

骑马逐疫，汉代宫廷大傩便已有记载。贵池山湖村的竹马驱傩，是它的演化。明嘉靖《池州府志》已记载贵池四乡逐疫时踩竹马。竹马有地马和高跷马两种，多扮成勇武之士，做征战状，如花关索、鲍三娘、鲍礼、鲍义，或者关羽和貂蝉。山湖村唐、王二姓的傩事活动以踩马为主，并把踩高跷马扮花关索、鲍三娘与祈子民俗相结合，凡生儿育女者，向竹马献红蛋，谓之"献马杯"；希望求子的人则向花关索、鲍三娘乞求红蛋，谓之"接马杯"。山湖村的"踩地马"由四名12岁至14岁的男孩担任（所以每两年便要更换演员），用于请神和"出圣"（指在请神仪式后抬面具游村）。请神在神堂举行，将面具之神一一传递陈列于龙床时，四少年童子皆身着战袍，扎竹马，排一字形横队面向神案站立。然后由执事长者替他们戴上面具，开始踩马，称踩"启圣马"。启圣马后，便是"出圣"，以旗锣鼓伞为先导，后面是吹奏乐、彩旗、面具箱、狮子箱和童子四人的地马队。童子穿武将服，腰间扎竹马。竹马用竹篾编成椭圆形的无底筐为马身，再扎马头捆扎于筐的一侧，根据马的颜色糊以色纸（今改用绒布），如花关索骑红马、鲍三娘骑白马，还有黄马、黑马。踩地马有"发令"（舞令旗）、"遛马"、"交战"等动作，尽展古代战将风采。

"傩人"边唱边跳，忽而怒发冲冠，忽而挥剑追逐，加上旁边的牛皮大鼓敲得咚咚作响，让人有闻而起舞的欲望，有血从心底沸腾起来。

池州傩吸收和融汇了儒、释、道、巫的宗教意识和民俗、雕刻、绘画等内容，真实地再现了古代群众祈神保佑、驱鬼逐疫、避灾纳福的美好愿望，是汉族民间艺术的精华，也是研究古代汉族文化、地域风情、民俗工艺的文物。

（十二）休宁五猖会

《五猖会》是鲁迅先生的一篇散文，收录在散文集《朝花夕拾》中。

五猖会是鲁迅儿时的一件罕逢的盛事。"孩子们所盼望的，过年过节之外，大概要数迎神赛会的时候了。但我家的所在很偏僻，待到赛会的行列经过时，一定已在下午，仪仗之类，也减而又减，所剩的极其寥寥。往往伸着颈子等候多时，却只见十几个人抬着一个金脸或蓝脸红脸的神像匆匆地跑过去。"

"因为东关离城远，大清早大家就起来。昨夜预定好的三道明瓦窗的大船，已经泊在河埠头，船椅、饭菜、茶炊、点心盒子，都在陆续搬下去了。"可在这喜气洋洋的时刻，父亲却突然叫鲁迅去背《鉴略》。"粤自盘古，生于太荒，首出御世，肇开混茫。"书背完了，去五猖会的兴致也荡然无存了。鲁迅感觉非常扫兴，于是在文章里感叹，"父亲何以在那样的时刻叫'我'背诵《鉴略》！放纵热情的兴奋和快乐顿时像肥皂泡一样的幻灭了。"

实际上，那个时代的大户人家，妇孺们一般是不许看赛会的，读书人即所谓士子，也大抵不肯赶去看，只有游手好闲的人，这才跑到庙前或衙门前去看热闹。父亲用背书的方式阻止鲁迅去看五猖会，大概也是基于这种考虑。

在鲁迅的记忆里，仅记得有一回，也亲见过较盛的赛会。

"孩子们都是热爱庙会的，开首是一个孩子骑马先来，称为'塘报'；过了许久，'高照'到了，长竹竿揭起一条很长的旗，一个汗流浃背的胖大汉用两手托着；他高兴的时候，就肯将竿头放在头顶或牙齿上，甚而至于鼻尖。其次是所谓'高跷'、'抬阁'、'马头'了；还有扮犯人的，红衣枷锁，内中也有孩子。我那时觉得这些都是有光荣的事业，与闻其事的即全是大有运气的人，——大概羡慕他们的出风头罢。"

但鲁迅先生到底是没有亲眼见到过五猖会。

五猖又称五通，即马、猴、狗、鸡、蛇五种动物之精。旧时，五猖庙内供奉着青、黄、红、花、黑五种面孔的五个神像，另外还有一尊白面神像配享，庙内匾额上书有"六府修治"的字样。传说五猖神曾屡屡骚扰地方、搅戕世界，上天派了天神雷公电母在四月十五那天追杀他们。五猖急中生智，躲到海塘上正在修塘的青年身边，假装修塘，在闪电雷轰中天神看到的是六个壮丁在修塘，修塘是保境安民的好事，岂能是五猖所为，况且人数也不符，于是雷公电母只得收兵而回。从此五猖改恶从善，被百姓宽恕还被敬为神，人们为其修了庙，并规定五猖庙会日期。

休宁五猖会

　　五猖会寄托了汉族劳动人民一种祛邪、避灾、祈福的美好愿望。农历五月一日，是安徽休宁县海阳五猖庙会之日。休宁五猖会起源于明初。朱元璋和陈友谅在皖南曾打过几年拉锯战，军士百姓死亡枕藉。朱元璋做了皇帝后，便下令江南百姓，村村修建"尺五小庙"，阵亡士卒"五人为伍"，接受百姓供奉。《明史》记皇家祭祀有"阵前阵后神祇五猖"之说，如此世代相传，便衍成香火极盛的五猖神庙会。

　　作为一种古老的汉族民俗及民间宗教活动，庙会时，四乡百姓云集海阳烧香，祈求五猖神驱鬼祛邪、消凶化吉。

　　庙会游行，"前引"锦旗开路，"执事"沿途管理杂役。青白黑红黄绿蓝各色旗子飘扬，十景担、肃静牌、万民伞、纸扎猪马牛羊偶像、牌楼跟上，后面是地方戏队伍、杂耍队伍。

在这迎赛洪流中，有舞龙的，有踩高跷的，有大敲棚云门鼓的，有"轰轰"燃放荷花铳的，最好看的是杂耍中的戏彩瓶、哑背疯、掼跌打、跳无常等。迎赛队伍最后是五乘神轿，轿后还跟着一批因病曾在五猖神前许过愿而此时自觉地穿着罪衣罪裤、戴枷戴铐的"犯人"。迎赛队伍经过，路两旁是密密麻麻持香跪拜的善男信女。神轿每到一祭棚前便停下受祭，迎赛队伍也随之停下来而表演一番。尽管表演之中有的舞姿显得笨拙，但往往不失滑稽，让人捧腹。

（十三）端午埽田"嬉钟馗"

农历五月初五是端午节，相传也是钟馗生日。在钟馗家乡——安徽省灵璧县及安徽皖南等地区，至今保留着嬉钟馗的风俗，以求驱邪降恶，保佑村民平安。

在皖南，"嬉钟馗"流行于徽州区岩寺镇、歙县一带，歙县郑村镇的埽田村，每年端午节都要举行这项活动，煞是热闹。

钟馗是中国汉族民间传说中驱鬼逐邪之神，是传统文化中的"赐福镇宅圣君"。据《历代神仙通鉴》记载：钟馗系陕西终南人，生得豹头环眼、铁面虬鬓，相貌奇丑，但很有才华，满腹的经纶，且为人刚直、不惧邪祟，唐武德年间，赴京城应试，却因相貌丑陋而落选，愤而撞死殿阶。帝闻之，赐以红官袍安葬。

宋代《醉翁谈录》也有记载：除夜，旧传唐明皇是夕梦鬼物，名曰钟馗，即觉，命工绘画之。至今人家图其形，贴于门壁。尔后，道教尊钟馗为门神，封钟馗为祛鬼逐恶的判官。

春节时钟馗是门神，端午时钟馗是斩五毒的天师，钟馗成为中国传统道教诸神中唯一的万应之神，要福得福、要财得财，有求必应。

在徽州，"嬉钟馗"始于万历年间，距今已有四百多年的历史。而埽田村在端午"嬉钟馗"是有缘由的：过去渴田村是徽州一个比较大的村落，水陆交通发达、经济繁荣，曾爆发过一次大规模的血吸虫病，全村病死人达一半。渴田村于是开始在端午"嬉钟馗"，就是借此驱邪赐福，保佑村民平安。

古时"嬉钟馗"是以木偶架在肩上嬉耍，后发展到由人扮演钟馗，并在内容和演出形式上作了变化，由几十人组成的演出队，在村中进行巡游嬉耍。以前村中会演钟馗的有好多人，他们分段表演，互相不能照面，碰面的话就会互相打架。"文革"期间"嬉钟馗"被叫停过一阵，1968 年村里人还是捺不住瘾头，自发筹资悄悄恢复了演出。

"嬉钟馗"正仪有四个部分：拜老郎、钟进士出巡（登高、进宅）、斩五毒、谢老郎。举行时必先烧香、烧纸、燃放鞭炮、拜老郎。老郎无偶像，也无牌位，只待全班角色化装完毕，钟馗扮演者握香望空三拜而已，以祈钟馗神降临，佑嬉平安。拜毕，锣鼓、鞭炮声大作，五鬼持钢叉，唧唧作响，狂跳乱舞；钟馗持玉笏，怒目而对，开始舞跳。在一片"傩傩"之声中，追五

端午渴田"嬉钟馗"

鬼冲出屋外，出巡开始。

炮声中，几位村民扛着"钟进士出巡""钟馗嫁妹""肃静""回避"的牌子走在前头出了老屋，敲锣打鼓的紧随其后。先由五位头系白毛巾，身围红、白、绿、灰、黄色包肚，手持棍、叉，脚蹬软底绣鞋的邪恶小鬼，在锣鼓声中群丑跳梁似的狂奔乱舞，嘶叫逞威，此时，钟馗面涂青色、长髯，身穿紫红袍，右手执宝剑，亦步亦趋，口喷狼牙焰火，踏着锣鼓节奏，与五鬼较量。前有蝙蝠引路，后有一侍者撑罗伞，另一侍者肩挑酒罐。钟馗胆壮气豪，把酒畅饮，虽为醉态，却除恶务尽、胸有成竹，五小鬼色厉内荏，终于在畏缩逃避中束手就擒。媒婆扶着花轿跟在后头，花轿内坐着钟馗的妹妹。演出队伍后面跟着一群看热闹的男女老少，人人脸上都挂着开心的笑容。

过去出巡，最后还有专人抛撒五色纸。出巡范围只限本村。村头路口、大街主巷都要巡到，以示驱祟之彻底。村中的大户人家为了达到求神驱邪的目的，早早就做好接钟馗准备，当钟馗沿村持剑跨入农户家门，鸣放鞭炮，老幼相携、喜笑相迎，整个村庄，成了"嬉钟馗"的大舞台。

（十四）芜湖玩灯习俗

芜湖，位于安徽省东南部，处在长江南岸，青弋江与长江汇合处。下设鸠江区、镜湖区、弋江区、三山区四个市辖区，管辖芜湖县、繁昌县、南陵县、无为县四个县。

芜湖有文字记载已逾2500年，素有"江东首邑""吴楚名区""吴头楚尾"之称，近代为"江南四大米市"之一。芜湖市区话是江淮官话，属江淮官话洪巢片，混杂吴语。芜湖自古属吴地，因为太平天国战争和清末大规模江北移民，芜湖市区语言已经百分之百江北化。芜湖郊县方言则为吴语，属于吴语宣州片，广泛分布在芜湖县、繁昌县、南陵县等多个乡镇。

当地受吴楚文化的影响，春节、元宵节等各种年节有丰富的民俗文化，一直在芜湖一地广泛流传。根据2009年芜湖地区进行的非物质文化遗产普查数据（不含无为县）统计，相关民俗项目有82项，其中春节玩灯习俗就有52项。

　　繁昌县荻港镇申报的"滚龙灯"在荻港镇已有百年历史。相传自古以来，每逢民间传统节日或举办庙会，当地都有玩滚龙的风俗习惯。据《荻港镇志》记载，新中国成立前荻港曾设有"六龙会"，每逢正月十五元宵节，"六龙会"都要举办灯会，为期四天。从正月初七开始，全镇各玩灯户就忙开了。龙灯分龙头、龙尾和若干段龙身，篾扎布糊，贴金粘纸。正月十三傍晚开始，六条老龙（灯）和多条滚龙及儿童玩的子龙纷纷上街，或上下穿行，或盘旋游动。各家各户高悬门灯，焚香放炮。接着，滚龙、花篮、故事灯、走马灯、鳌鱼灯、狮子灯、兔子灯等都上了街，川流不息的龙灯及各色各样的彩灯，形成一个灯的海洋，十分绚丽、灿烂辉煌，其时街上人山人海，要一直闹到正月十五。农历二月初二日，滚龙再次上街，镇上商店、居民挂红接灯，又形成一个欢乐的高潮。

　　龙灯在我国流传了几千年，由于地域特征、物质条件、民族性格、历史文化等方面的差异，其艺术风格和表演方式千姿百态。而芜湖县葛村山板龙灯尤以其独特的形象构造、精湛的表演技巧取胜，堪称龙灯一绝。该龙灯演出时，更为壮观。阵式的名堂颇多，而且每个阵式都有它的由来和典故，如老龙盘柱、双钱饼、老龙洗澡、老龙扑尾（分单扑和双扑）、虾子戏水、欢团阵等等。演出高潮时，鞭炮声、锣鼓声、欢呼声、呐喊声、观众喝彩声、队员脚步声、翻板转动声交织在一起，如同鸣奏起一曲雄壮动听的交响乐，令人叹为观止。

　　逢年过节"走马灯"，是我国许多乡村的风俗，在皖南也不例外。"走马灯"其实演的是古代一场场文武大戏，村里的年轻人纷纷扮成古代的文臣武将，穿着"行头"，跨马执鞭，绕着"8"字结，犹如在战场厮杀一般。芜湖繁昌平铺马灯、芜湖县潘村马灯、南陵太丰马灯、镜湖区方村马灯传承历史都很久远。

　　"玩马灯"的清一色是男子。按规矩，"玩马灯"时要设一个"灯堂"，好比部队的大本营。玩灯的每天出去回来都吃住在里面，不回家。"马灯"开始的第一天要在本村玩，然后开始浩浩荡荡地出村走亲访友、拜村问邻，进行祝福。"马灯"中除了"扮角"外，还有与"扮角"人数相同的旗手和十几名"玩云"的孩子。"玩云"的孩子手执像盾一样的云牌，排出各种字样，

芜湖玩灯

有"天下太平""风调雨顺"等祝福的话。

十兽灯是芜湖南陵县的传统民俗，始创于清代道光年间，距今已有180余年。十兽灯用竹篾扎成，糊裱宣纸、彩色纸，再描绘各种饕餮纹饰，兽形为麒麟、青狮、黑虎、白象、独角兽、犭（tan）、犼（hou）、旱獭、四不像、龙等十种，另配有彩云八对。演员扮《三国》或《封神榜》人物，演"三结义""过五关"或"文王访贤"等。舞灯时，先由彩云开场，"十兽"鱼贯而入，走"长水浪""满堂红""满天星"等阵势，杂以"渔夫捕蚌""三丑会"等舞蹈及伴唱，伴唱唱词方言浓厚、别具一格，由锣鼓唢呐伴奏，唢呐曲牌为"朝天子""一曲梅"等。

无为鱼灯是流传于芜湖市无为县的汉族民俗舞蹈。鱼灯又称吉祥灯、太平灯、幸福灯，距今已有1000多年历史，为了庆贺渔业丰收、捕鱼平安，每年正月十五元宵节到正月三十为玩"鱼灯"的节日。相传北宋年间，包拯到陈州放粮回朝后，为大放花灯，曾普召全国各地向朝廷进贡花灯。当时无为人敬献了八条鱼（"鱼灯"），得到朝廷赞扬。新中国成立后，无为民间舞蹈"鱼灯"有了长足的发展；1956年曾到北京怀仁堂参加了全国民间音乐舞蹈会演，获得好评。

采茶灯唯独芜湖县花桥镇花桥渡传承最久。相传北宋末年，当地张、后、濮阳、杨四户人家的祖先，为逃避金兵从北方迁徙而来。最先是杨姓独家所玩，之后逐步传播到金家圩童村，官坝头、新丰俞家，蛇寺庙周家，后来玩采茶灯的人才多起来，曾风靡各个乡镇。现在花桥渡的采茶灯每年春节、元宵节都要玩。

采茶灯一般在正月初四开始，正月十五左右结束。演员们结合当地的生产、生活情景，融入戏曲表演手法，改编成田间、地头、街区、里弄、庙堂、舞台演出的歌舞节目，并用若干单纯、朴素、简练而生气勃勃的舞蹈动作、山歌演唱和穿插对白来表现茶农劳动的乐趣。采茶灯表演队伍每到一户人家门前，这户人家就燃放礼花、鞭炮，以示回应。一时间，一朵朵绚烂的烟花在天空中绽放，大街小巷到处飘散着鞭炮的烟火气。

"高跷灯"又叫"踩高跷"，也有称之"杂技哑剧"的，在很早以前还叫"独角戏"，说法不一。高跷是在传说"姜子牙斩将封神"中，所封的"高跷五郎大仙"。明代中期，由徽州府龙门县方姓人氏，集民间各种艺术精华，编排成"高跷灯"，后由芜湖县埭南乡方家村子嗣在寻宗问祖时传授过来，到现在已有三百余年历史了。该灯总编成五则灯。11个扮演者（这是固定数）外加1个领灯人（师傅），它的一切表演内容全靠动作展示，故称哑剧。在表演时有一定程式：能蹦能跳，打圆场，使刀弄棒，抛钢叉，让人看了不禁为表演者捏了一把汗。

芜湖处于长江之滨，近山临水，形成了繁多的灯俗，它在传承华夏传统文化的同时，又融入了江南水乡文化，沉积了深厚的文化底蕴，成为当地重要的非物质文化遗产。

（十五）锅澡之乐

皖南山区位于安徽省长江以南，东南与浙江相接，西南和江西相邻，北以沿江丘陵平原为界，即沿平原丘陵区以南的山地丘陵地带，中间有明显的三条西南至东北走向的山系，即池州九华山山系、黄山山系和皖浙边界的天目山山系。皖南人一直用澡锅洗澡，这一独特的洗浴方式能够延续至今，自然有其特定的地理原因和其自身的实用功能。皖南地区属于亚热带湿润季风气候，雨量充沛，每到冬天，光照时间较短，加之常年湿气较重，冬天尤为寒冷。冬天洗澡，成为不可避免的现实问题。

在皖南，家道殷实的人家几乎都有两个灶：其中一个是烧菜做饭之用，另一个则是在单独的房子里。这就是皖南人家用来冬天洗澡的大锅了。用来洗锅澡的大锅，一般直径在一米左右。锅澡除了对水温的要求很高以外，在锅中还需要放上三块木板：一块圆形的木板用来垫在屁股下面，因为锅底很烫；另外两块长条形木板是搁置手臂用的。这样人可以泡在澡锅里，就像人们今天泡澡堂一样，非常舒适惬意。

锅澡也是讲究男女和辈分的。数千年来，皖南人民一直遵循这一古老的民风：家庭中的男主人先洗，辈分大的先洗，依次而来，最后才是孩子和女人。在洗浴的过程中，不用肥皂，只用毛巾擦洗全身。

近年来，随着旅游业的大力发展和旅游项目的纵深开发利用，锅澡这一独具特点的皖南民间习俗，也被越来越多的人认识和了解，更有众多的旅游爱好者为了能够亲历这一民俗而不远千里万里，从远方来到安徽、来到皖南，体验锅澡之乐。

四、皖之西

（一）大别山民歌

"八月桂花遍地开，鲜红的旗帜竖呀竖起来……"大别山民歌《八月桂花遍地开》唱遍全国。源远流长的六安大别山民歌，于 2008 年初被列入我国第二批非物质文化遗产。

在皖西，大别山纵横千里，淮河水穿境而过，山清水秀，田园似锦，美丽辽阔的土地，是民歌的海洋。

大别山

春秋战国时期，大别山地区为楚地，楚文化影响深远。今皖西民歌中语助词"啊"字，与古时南音、楚歌楚辞中"兮"字一脉相承。皖西大别山民歌在音乐上，传承了上古时期部落的民谣，在内容上，反映了古代时期的社会演化过程，体现了近现代时期的革命、劳动、生活等发展面貌。大别山民歌以山而生、以水而传，山水相连，生生不息，民歌多以山歌、茶歌、秧歌、排歌、小调、劳动号子为主。近年来据专家考证，六安、霍山、金寨等县流行的民歌曲调《挣颈红》，为楚声"活化石"。

霍山、金寨流行的山歌、茶歌，曲调清脆嘹亮；六安、霍邱流行的灯歌、秧歌，唱腔高亢热烈；舒城等地流行的门歌，曲调婉转动听；寿县、霍邱一带流行的号子，旋律奔放粗犷；更有金寨、霍山等地流行的红军歌曲，如诉如喊，情真意切。

阳春三月，春光明媚。大别山上漫山遍野的茶园，到处都是采茶者的身影。人们双手不停，一边摘采，一边唱起茶歌来，此起彼落、你唱我和。这边唱："三月清明雨沙沙，青青茶棵发了芽。雨后茶山美如画，姐妹上山去采茶。采的采细茶，两手攀枝，十指尖尖采细茶。"那边和："肩背茶篓到山崖，人在云中披彩霞。姐妹好比神仙女，来到人间采香茶。采的采细茶，两手攀枝，十指尖尖采细茶。"山坡上唱："三月摘茶茶树青，奴在屋里绣手巾。两头绣的茶三朵，中间绣的采茶人。"山腰回应："四月摘茶茶成堆，卖茶进城把茶背。翻山越岭走得快，心儿还在紧紧催。"

由于大别山位于江淮分水岭的地理位置，大别山民歌显露出一种南北交融、刚柔相济的音乐风格，曲调上以级进为主，展示出向江南风格转变的艺术倾向。大别山民歌还具有口头说唱艺术的特点，许多民歌都有口语化倾向，朴素、简洁、明快、生动。由于歌唱者的方言、语音、语调的地方性特点，大别山情歌的声腔变化、情感抒发各不相同。这些歌唱往往是"信口开河""触景生情""以情带声"，因而既具有山的阳刚粗犷，又具备水的婉转悠扬。

比如《站在高山唱山歌》："站在高山唱山歌，这山唱来那山和哎，这山唱来那山和啊哎。唱着呀山歌追太阳啊，千歌呀万曲化彩虹啊，太阳不落呀歌不落啊，打扮农家好生活呀。哎嘿嘿，欢天喜地唱哦哦啊，岁月如歌万家乐呀。站在高山唱山歌，这山唱来那山和。"

再听《正月十五月儿明》："正月哎十五月儿明，山前山后闹花灯，闹花灯呐。哎嗨吆哎嗨吆，一条龙灯前头走哇哎，狮灯花船随后跟，狮灯花船随后跟呐。一年哎一度元宵节，玩灯唱戏到一天到五更呐。哎嗨吆哎嗨吆，这山唱罢那山应那哎，灯歌唱得月儿明，灯歌唱得月儿明，哎月儿明。"

情歌永远是民歌中最绚烂的一部分，大别山民歌也不例外，其内容丰富多彩，涉及爱情的各个方面。如表现赞慕的："日头看看往西飘，路上走个花娇娇，十指尖尖描花手，扇子隔脸不让瞧，青竹挑鱼馋坏猫。"唱出相思的："好个明月挂天心，好个乖姐在邻村，望着月亮难当饼，看到乖姐难成亲，害哥得了相思病。"

夏天的夜晚，年轻人在一天劳动之后，吃过晚饭冲过澡，坐在门外乘凉，清风徐来，情不自禁地唱起《十把小扇》："一把小扇（凉凉），骨儿圆哪（哎哟哟），里绣珍珠（凉凉），外绣莲哪（阿姐家)!"这边姑娘歌喉启开，以《十二月梳》作答："正月好唱正月梳，新娶媳妇拜公婆，大红袄子绿绫袖，百褶罗裙顺地拖。"

皖西的民歌无处不在，劳作时唱，休息时唱，过年过节唱，婚丧嫁娶也要唱。这些民歌直白朴实，把大别山人豪爽质朴的一面展露无遗。

六安是革命老区，民歌中还流传一大批红军歌谣，这其中以《八月桂花遍地开》为代表。这是1929年农历八月，商南（今属金寨）佛堂坳小学教师、共产党员罗银青根据县委指示、为庆祝苏维埃政权的建立而写的歌词，配以当地民间流传的喜乐欢快的"八段锦"曲调，组织宣传队到处演唱，从而流行各苏区以至全国，成为象征红军和苏维埃时期的一首代表性歌曲。除此，还有诸如《歌唱立夏节暴动》《西镇暴动歌》《誓死保卫苏维埃》《红军滚滚过山来》《全家盼望共产党》《妹送情哥当红军》等一大批革命民歌、红军民歌。

大别山以山水相依的独特地域性，兼收了通过水路流传来的其他不同形式民歌艺术的特点，又不失自己山歌的特色，既具有山的沉稳、豪迈、厚实的特点，又具有水的流畅、悠扬、灵动之风格，是皖西极其重要的非物质文化遗产。

与大多数民歌一样，大别山民歌也面临着传承的困境，如今的大别山区，能够唱出原汁原味的大别山民歌者，多为50岁以上的老人。如何将优秀的大别山民歌发扬光大，值得大家关注和研究。

（二）皖西茶俗

茶是什么？植物学上称"茶者，南方之嘉木"，为常绿灌木。相传神农氏尝百草，一日，他翻山越岭，口渴难耐，忽然一片树叶飘落眼前，捡起来细看，青嫩可爱；用手一摸，汁液润滑；以鼻一嗅，气味芬芳；轻轻咀嚼，苦涩非常。于是有着丰富经验的神农氏断定这是一种止渴提神的叶，这就是茶树了。所以《诗经》上说：采茶薪樗，食我农夫……谁谓茶苦，甘之如荠。这个"茶"便是我们现在茶的"祖宗"了。

但对每一位国人而言，茶是融入众多文化、历史甚至情感在内的一种东西。《唐国史补》上说：常鲁公随使西番，烹茶帐中。赞普问："何物？"曰："涤烦疗渴，所谓茶也。"因呼茶为涤烦子。这也就是"茶为涤烦子，酒为忘忧君"的由来了。几千年来，不可胜计的无名氏对茶进行不断的栽培、更新、繁衍，由嚼青叶，而发明为采叶焙制；由采叶焙制，而改良为煎烹饮啜，真正使茶成为中华民族须臾不可离的"国饮"。

皖西境内，巍巍大别山，千峰竞秀、万壑争流，产茶历史悠久，早在秦汉时期，茶树种植技术由四川经陕西、河南传到大别山一带，而后传播开来。唐代陆羽《茶经》将此地列为寿州和舒州茶区。宋以后，该地区成为大别山御用贡茶的核心产区。比如霍山县的霍山黄芽、六安的六安瓜片、金寨的金寨翠眉、岳西的岳西翠兰、舒城的小兰花等等，都是中国或安徽名茶。

皖西地区的采茶季节，一般在清明以后的农历三月份（公历4月份）。清明至立夏者为头茶，又称春茶；立夏之后为二茶，又称夏茶，也有称为紫茶者。

就像当地流传的山歌里所唱的："年年到了四月八，大家小户采新茶，头茶香来二茶苦，天天采茶日当午；南山冲对北山冲，采茶姑儿笑语浓，一枝一枝又一枝，晚来十指个个疼；头茶碧绿二茶香，采茶人家昼夜忙，好茶提着长街卖，粗茶留着自家尝。"还有情意绵绵的对唱："（男）小小茶棵矮墩墩，手扶茶棵叹一声，白天摘茶摘到晚，白天摘茶我送茶饭，谁知帮工汉子受苦情；（女）山上翠竹根连根，我和情郎哥心连心，晚上炒茶到五更，晚上炒茶伴你到五更，我似蜜蜂恋花芯。"

这些民歌很形象地唱出了茶农的生活。在茶季里，一家人通常天不亮就起床，趁着露水采茶，等到日上三竿时，才回家匆匆扒几口饭，然后继续上山采茶，直到日落西山。因为茶芽生长极快，一茬不采完，到第二天，未采的芽叶就不能用了。晚上到家，又要取火烧炭，把当天的茶叶炒制出来，鲜叶不能过夜，一过夜品质就差了。等炒完茶，稍微迷糊一会儿，到凌晨四五点钟，一家之主又要挑上茶叶赶到附近的集镇去，期望能够卖个好价钱。日日如此，一直到茶季结束，这就是"采茶人家昼夜忙"的写照了。

旧时每到春茶季节，都有大量的茶商云集皖西茶乡的山镇。那时不叫茶商，而尊称茶客。四方茶客，主要分为山东和下江两路。山东一路是北方的济南、东昌府及河南的周家口；下江则包括江浙与湖广。"近城百里尽茶山，估客腰缠到此间"的诗句，就是其写照。茶客一到，茶乡人是欢欣鼓舞、奔走相告。茶叶交易对于茶乡人和茶客来说，无疑是盛大的节日。茶行从南京、六安、安庆等地请来唱京剧、徽剧的戏班，连唱数天数夜，有时甚至唱到整个茶季结束。

这里面还有一些流传的典故。比如霍山就有一位名叫程伯阶的茶商，人称"程茶客"。一年茶叶季节，程茶客运卖霍山黄芽、六安瓜片到湖北浠水，宿在客店，住在他隔壁的一位客人突然腹痛难止，程茶客习过中医，便上前给客人把脉诊治，认为那人只是饮食不均偶感风寒，便沏了一壶酽茶，让其趁热喝下，果然腹痛渐止。第二日，那人留下盖有印信的黄绫一张，要程茶客去北京时凭此相认。几年后，程茶客将生意做到北京，便拿着黄绫去寻找，没想到当年路遇之人竟然是微服私访的乾隆皇帝。后来，程伯阶以此而成为浠水知县，霍山黄芽也成为皇亲贵族争用的贡茶。

至新中国成立以前，由于连年战乱，大别山处于革命老区，程家制作霍山黄芽的工艺一度失传，直到 20 世纪 70 年代，在政府的支持下，才寻找到古稀老茶师，恢复和发掘传统工艺，重新制作黄芽茶。1973 年，霍山佛子岭人民公社委员会给毛主席写了一封汇报信，并随信寄上霍山黄芽 8 斤。后来主席回了信，还回寄了茶叶款 48 元。

游人嬉戏在大别山茶园

皖西地区以茶代礼的风俗极为普遍。明代皖西人姚武英《煮茶》诗云："早起山童扫雪皑，瓦瓶煨沸仗炉灰；月团荡漾金瓯舞，雀舌轻盈玉盏开。风味陶公今想见，仙灵卢老又重来；碧云不遂清风断，香气馡馡几度回。"尽述了明代皖西人好茶的情状。

旧时，只有豪门富户才有条件享用其中上品好茶。乡下人喝茶不太讲究，多只能喝黄大茶一类粗茶。过年过节，则常以"元宝茶"敬客，会在茶杯内放两枚青果或金橘，互祝吉祥如意。旧时小孩上学读私塾，家长会提上茶叶，请私塾先生吃"启蒙茶"。年轻人当学徒，要请师傅喝"拜师茶"、吃拜师酒。村民之间发生矛盾，解决纠纷时饮茶，称为"吃讲茶"。

茶乡旧时男女订婚以茶为礼，女方接受男方聘礼，称为"下茶"或"茶定"，也称"受茶"或"吃茶"。舒城茶区旧时妇女第一次怀孕临产期，由主要亲友送"催生茶"。一般是二斤半猪肉或一只老母鸡、一袋茶叶、半斤挂面和 3 个鸡蛋。皖西人家祭奠新亡者和节日祭祖，都要在祭案上摆放有茶叶的祭品。

茶饮除了解渴，也具有一定药用功效，可作日常祛病之用。赵学敏《本草纲目拾遗》引《经验广集》说：六安茶与山楂、陈皮等配置"太上五神茶"，可治"伤风咳嗽，发热头痛，伤食吐泻"诸症。因此，皖西人十分注重饮茶技艺，将日常生活中的饮茶经验，概括为《饮茶诀》一首，曰："姜茶能治痢，糖茶能和胃。菊茶可明目，烫茶伤五内。饭后茶消食，酒后茶解醉。午茶长精神，晚茶难入睡。空腹饮茶心里慌，隔夜剩茶伤脾胃。过量饮茶人黄瘦，淡茶温饮保年岁。"

茶是和，充满着怡情温柔，至善至美；茶是静，充满着清淡天和，养精蓄锐。古人曾云"不做无益之事，何遣有涯之生"，饮茶诸事，甚至小至以布拭壶，都有其存在的价值。茶对人体的功用，已成定论，但其无形的言语，却是沟通人与人之间感情的桥梁。

（三）舌尖上的皖西"粑"

粑，看字形就知道，通常是把大米磨粉后做成的饼状食物，古往今来传流民间，每逢年节喜庆婚丧寿诞，均以各样的米粑为佳肴款待来宾。也有将蒿草混入其中做成蒿粑，或将高粱、山芋磨粉制成高粱粑、山芋粑。

在皖西大别山区，季节更替，传统佳节纷至沓来，种类繁多的粑渐次端上农家饭桌，"一家蒸粑百家香，百家蒸粑香满村"，孩子们端着刚出锅的粑，按照妈妈的吩咐送给隔壁邻居，一边走，一边忍不住先偷吃一个。

位于大别山腹地的霍山、岳西、金寨等县，这里至今依旧保留着原始的农耕文化，粑俗文化显得尤为迷人。大山里的人爱做粑，种类繁多，按食材分，有籼米粑、糯米粑、米粉粑、小麦粑、荞麦粑、红芋粑、蒿子粑、糠粑、茯苓粑……按风俗节令分，有端午粑、中秋粑、上梁粑、伴娘粑、新女婿上门粑、汤粑、化米粑……各种各样的粑和吃法，都是独具大别山风格的美食和民俗。

每年春天，都念着要到霍山去，爬山、吃野菜。对于生活在山区的人们来说，大山永远是那么慷慨，山沟溪边到处都会有各种野菜时蔬，拎个篮子山上转一圈，餐桌上就多了几道"山珍"了。

这时节，除了抢先的荠菜，家家户户都要做毛香粑粑了。毛香是一种小野蒿，学名叫作鼠曲草，当地又称"扒魂草"，《本草纲目》上说它"止咳平喘，降血压，祛风湿，祛痰，对感冒咳嗽、支气管炎、哮喘、高血压、风湿腰腿痛等症有效"。当春风吹醒林野，毛香就会钻出地面，浅浅的绿色、毛茸茸的，向山林间散发着清香。

周作人在《故乡的野菜》中说："黄花麦果通称鼠曲草，系菊科植物，叶小微圆互生，表面有白毛，花黄色，簇生梢头。春天采嫩叶，捣烂去汁，和粉作糕，称黄花麦果糕。"

正是因为鼠曲草生长在山野田间，跟其他农作物有很好的亲和性，能与大米、糯米、面粉、番薯粉等掺和做成各种小吃，可咸可甜。在和谐的同时，彰显不同的价值与品位，真是不一般的草。

各地山区的吃法略有不同，不过通常都是用米粉来做。山间少田地，多用来种植高产的水稻，稻米是大别山人一日三餐的主食。人们将米磨成粉，用开水和粉，打出黏性，再把采回的嫩毛香切碎，掺在米粉里，还要加上肥瘦相间的腊肉丁，做成粑饼，最后上锅蒸熟，或者在锅边炕熟。

皖西"粑"

一时间，香气四溢，别说吃，闻了就叫人垂涎欲滴。通常，每家做毛香粑时都会多做一些，用来送给左邻右舍，有时还要捎给在城里工作吃不到毛香粑的亲戚，聊以解馋。吃不完的，就贮藏起来，吃的时候稍微热一下，滋味一点不变，甚至可以一直吃到清明。采茶的时候早出晚归，还可以用来做干粮。

清明以后，当天气渐热的时候，山里有种更特别的野味儿，叫作"神仙豆腐粑"。这种豆腐并非豆制品，其食材来源是一种树叶，山民俗称"神仙豆腐树"，学名叫作双翅六道木。这种树的叶子有奇特的香气，一靠近就可以闻到，采摘回家后，放在适量凉开水中揉搓，会渗出黏黏的汁儿，把汁水过滤，再用少量柴灰过滤些水进去，就像做豆腐时点卤一样，柴灰中含碱，有利于汁水凝固。把树叶汁放在阴凉处晾上半个多小时，就会凝成果冻般的东西，颜色碧绿如翡翠。配上点蜂蜜，直接当"凉粉"吃，或者拌上油盐冷吃，甚至像煎豆腐一样炒来吃，味道绝佳，清凉解毒，最适合春夏之间食用。

沿江淮分水岭往南，绵亘的大山渐趋平缓，显出盆地地貌。在被称为"大别山中小江南"的岳西冶溪、店前一带，湿热的气候有利于豆类生长，于是成就了岳西的一道美食"豆粑"，原材料由天然的绿豆、红豆、豌豆、黄豆、蚕豆等多种豆类掺和着大米、荞麦等组成。每到腊月快过年时，家家户户都要烫上一些豆粑，烫豆粑对每个家庭来说都是大事，通常要定好日子，各家的日子互相要错开，因为那天亲戚邻里都会来帮忙，通常男人们忙着磨浆、烫豆粑，小孩们负责把一张张烫好的豆粑送到外面去，而女人们则负责把豆粑切成丝，以便晾干储存。豆粑吃的时候，或炒或煮，辅以新鲜蔬菜、咸肉、冬笋、鸡蛋，丰盛的美食就这样炼成了。

豆粑，就是大别山岳西地道的美食，还延伸到太湖、望江、宿松、潜山等县。目前在湖北的黄梅，以及江西彭泽、都昌、湖口、九江等地也颇为盛行，是乡民们喜闻乐见的营养食品。

大别山人杀年猪的时候，还会做"晃粑"，猪血当地俗称"猪晃子"，将豆腐合猪血、猪肉及花椒、辣椒等佐料拌成泥状，挏成卵形，以竹筛置火炕上，烟熏烤成蜡黄，吃的时候再切片，可蒸可炒，耐嚼味香，堪称佐酒上品。

过年除了打糍粑，还要做"发粑"，谐音"发吧"，取个好意头。发粑，它是将米洗净后浸上两天，再带水在石磨上磨成粉浆，经过发酵后，加上白糖，发好后做成扁圆形放在一种篾蒸笼中蒸熟，清香的发粑，直把人诱得心颤颤的，下面有时还结一层黄黄的壳，可谓是舌尖上的地方特色食物了。

（四） 大别山挂面坊

挂面，是以小麦粉添加盐、碱、水经悬挂干燥后切制成一定长度的干面条，细若发丝、洁白柔韧，并且耐存、耐煮的手工面食，有圆而细的，也有宽而扁的，主要品种有普通挂面、花色挂面、手工挂面等。挂面因口感好、食用方便、价格低、易于贮存，一直是人们喜爱的主要面食之一。

过去，学术界一直认为成书于元代的《饮膳正要》所记的"挂面"，是中国有关挂面的最早记载。而在敦煌文书中不止一次出现"须面"，并被装入礼盒送人，如当时敦煌的一户人家将"须面"用作了婚俗中的聘礼。今日中国仍有地方将挂面称作"龙须面"。

清朝大臣谢墉《食味杂咏》记载："北地麦面既佳，而挂面之入贡者更精善，乃有翻嫌其太细者。"这种太细的入贡挂面，即所谓上用银丝挂面。今扬州、盐城一带，也称银丝挂面。将和好的湿面团搓成小手指一般粗的面条，盘挂于木头架子上，下坠一个较短的圆形木棒，粗面条在木头的压力下逐渐被拉细拉长，并自然风干，就成为挂面。此法始于元朝北方人首创。

相传古时，军卒和百姓不分酷暑严寒日夜苦干，家人为使亲人能吃上面条，便把擀好切细的面条挂在竹竿上晒干捆把，连同调好的酸汤送到工地，让亲人在劳动之余，下锅煮熟，入酸汤食之。这种吃法既能充饥又能解渴，被誉为上等慰劳饭食。后来有人将晒面条改进为手工挂面，在酸汤中加入"漂稍"（鸡蛋煎饼、嫩韭菜、白菜心切碎即成），就成了如今在民间及宴会上广为流传的酸汤挂面。

《舌尖上的中国》第二季，在陕西吴堡拍摄了空心挂面的制作过程。其实，在安徽的皖西大别山地区，每至秋冬，都要做手工挂面。在霍山、岳西、潜山一带，一些小镇上，至今还保留有传统的挂面作坊。

　　大别山区山多地少，种植多以高产的水稻为主，麦子比较少见，挂面的制作方法从北方传来后，就成为山区人过年过节和红白喜事中的"主角"之一。

　　霍山习俗，生孩子的第二天（最迟第三天），要向岳父母报喜，生男孩，送一只公鸡和红鸡蛋若干，岳父母则用母鸡、红糖、挂面等回礼，表示祝贺；生女孩，送一只母鸡，回礼用公鸡、红糖、挂面。亲邻也会送鸡蛋和挂面。老人过生日时，更是要上一碗挂面，上面铺上荷包蛋，祝老人健康长寿。过年时，初一早饭必吃挂面，饭后再去至亲、长辈家拜年，亲友邻居见面互道"恭喜发财"。

　　当地还有一道美食，叫作"渣挂面"，是用农家自制挂面做成的一道风味小吃，挂面又细又长，略有咸味，用猪油放铁锅焖过后，底部的焦香酥脆，上面的滑爽筋道，油重味香，具有典型的徽菜特色，既可做小吃也可做主食。

大别山挂面

早在明清时期，大别山区就零星开始了面食加工和手工挂面的制作，在一些繁华的集镇，成立了面食加工作坊。比如岳西的黄尾镇，黄尾处于霍山与岳西县交界处，20世纪初，就已颇具集镇规模，有酒坊、油坊、染坊、糖坊、挂面坊、炸货店、小百货店、饭店、茶行等30多家，其中挂面坊有10多家，以致有人戏称黄尾街为"挂面街"。当然，这个古镇真正名气大的商品是黄大茶，南来北往的客商都到那里去调茶，由此带来集镇的繁荣。

每年到了冬季，手工挂面制作的生意就会十分红火。手工挂面主要以上白面粉为主，配以食盐、鸡蛋等，经过多道工序，使用专用木棍，由粗到细逐步拉制晾晒而成。做好后进行装箱储藏，供人们春节兑换或购买。

手工挂面都是咸的，因为手工面必须要有筋骨（柔韧性）才好操作，如果不在和粉时加入适当的盐，就无法盘条，粘不住筷子，也扯不出又细又长的挂面来。通常天热时，要多加盐，才能保持筋骨，天冷时，加的盐少。

所以煮食挂面时，要先尝尝咸淡，如果过咸，最好先把面在开水里过一道，去除少许咸味。冬天制作时加的盐很少，跟淡面差不多，因此可视情况在面汤中调入少量食盐。

面条是一种营养丰富的食品，养胃益脾，易于消化吸收，还有助于改善贫血。食欲不振时，下一碗手工挂面，热腾腾的吃下去，足以抚慰肚皮和心灵。

（五）大别山的"锅宴"

金寨县天堂寨景区附近，"吊锅"是当地的一大特色。

"金寨吊锅"，又称"吊罐"，把锅子悬空吊于火炉之上，火锅中蕴含了大别山区悠久的饮食文化。同去的人，有深知"吊锅"吃法的，把我们从景区饭店边拽出来，沿着曲曲折折的山路，来到一户农家。

院门虚掩，门边挂着灯笼，看来是常常招待客人的农家自营的小饭店。院子建在山坡一小块平地上，面积不大，三间正屋倚着山，有水管从山上引来泉水，饮之清凉可口。房子旁边，沿着山坡那一面并没有砌院墙，而是开辟了一块菜地，小青菜、辣椒、茄子、西红柿、南瓜秧，高低错落，生机盎然，大约是山间雾比较大的缘故，菜叶上湿漉漉的，阳光一照，反射出极其诱人的亮光。

院子一角有个亭子，这便是我们将要用餐的地点了。亭中一大方桌，周围四条长板凳，方桌正中置大火盆，主人已将炭火烧得通红，覆满盆中。火盆正上方从亭子顶端垂下一根挂钩。

浓郁的香气从厨房里飘出来，晚餐的主角是烧鸡公。一只七斤有余的大公鸡，配以从菜园新鲜采摘的辣椒红烧，大火爆炒、小火慢炖，鸡肉的浓香已占据了整个院子。

主人取双耳大铁锅，将烧好的鸡盛出，转入院中亭子里，用钩挂住，吊于火盆之上。南瓜头、小青菜、空心菜、苋菜……现摘现洗了来，供涮烫之用。

那鸡公是吃多了山虫、喝着山泉水长大的，肉质极香而有韧劲，肉香融进汤里，连汤汁都糯糯的，像鲍鱼汁一样，适合拌着米饭吃。旁边配的蔬菜又是最新鲜有机的，涮着吃，或者直接生吃，别有一番风味。

火锅正酣时，居然飘起雨来了。很小的雨，柔柔细细的，没有风，却从亭子四面飘来，扑在吃客们的腿上，分外清凉。原来，是火盆的作用，热气往上升腾，引得冷气从亭子下方涌入，细雨裹在里面，像雾一般，在火盆下飘来飘去，倒是衬托了吃火锅的气氛。

这就是"金寨吊锅"。这种吃火锅的场景，经历过一次，便再也不会忘记。

"金寨吊锅"的历史可以追溯到千年以前，在漫长的冬天，山区居民有在堂厅置火笼的习惯，一为取暖，二则照明。火笼直径50至70厘米、深约20厘米，山民们把树根或木柴架在里面燃烧，在取暖的同时，从房梁上悬下一个可以升降自如的木质滑竿，其下吊一铁锅（铁罐），可烧水或煮菜，吃饭时将几样烧熟的菜分别倒进锅内，又起到保温的作用，所以又称"一锅熟"或"一锅煮"。家人或来客按主次尊贵围坐在火笼四周，烤着火，吃着滚烫的菜。喝酒的话，一只手端着饭碗，另一只手要拿筷子和酒杯，双手承担的"重任"

金寨吊锅

复杂而有趣，场面温馨而热烈。

吊锅这一样式是物资匮乏、交通不便的山区先民的饮食遗存，到了现在，在农家的堂屋已难觅踪影，但这一独具特色的火锅却被饭店传承下来。"金寨吊锅"因为独具大别山风味成为饮食的新时尚。在金寨县城及境内的旅游景区，甚至省会合肥，各种各样的吊锅饭店比比皆是。不过，传统的火笼早已改头换面，大家不用再席地而坐，"火笼"被放在桌椅中间，炭火也多被简易方便的液化气炉代替了。

现在，吃"金寨吊锅"已是四季皆宜。来客随意落座，没有东南西北尊卑贵贱之分，在热气腾腾的烹煮中，感受先民们的饮食之道。山区土菜，滋味肥厚，烧鸡公、野猪肉、土黄鳝、咸猪爪是经典选择，锅底垫上将军菜、金针菜、野竹笋、珍珠菜、橡子豆腐等大别山特色土产，一大锅吊起来，就等着慢慢品尝了。

与金寨相邻的霍山的火锅是很有一套的，初次谋面的人往往会大吃一惊。

2001年冬，第一次到霍山出差，官方招待，在县城一个饭店里，因为人多，三张大桌子摆在一个包厢。刚刚坐定，只见服务员一溜排进来，每人手中端着一个小火锅，往桌上一放，转身出去，马上又端来一锅，如此回环往复，每桌居然摆上了五个小火锅。土鸡锅、干豇豆烧肉锅、羊肉锅、青菜豆腐锅、鱼头锅，满屋子都是火锅咕嘟的热气，场面颇为壮观。

夜间天气寒凉，晚餐用火锅以增温暖可以理解，惯常吃饭每桌点一个羊肉或牛肉的小锅子就够了，这种以火锅摆宴席的方式还是第一回碰到，品尝美味之余，对霍山的火锅宴留下很深刻的印象。

后来再去，发现锅子是霍山一大特色，无论饭店大小，都备有各种锅子供食客点用。即使是两人对饮，通常至少也会来两只锅子，边吃边聊，吃到一半，再要些蔬菜之类在锅中涮烫，其他的烧菜都可以免了。

不仅饭店如此，霍山农家也是如此。饭店用的是酒精锅，山区人家很多则保留了烧炭的小火炉。是一种泥土烧制的小炉子，呈砖红色，下有三足，炉内中空，可以放置炭火，侧面有空隙，可以加炭拨火。农家烧的是柴火，多数取自山上的枯树枝，饭菜烹煮完毕，灶膛中未燃尽的木柴，依然火热通红，主妇立刻用小铲子铲出来，放在火炉中，再覆一两块焦炭，烧好的菜盛入小锅子往火炉上一垛，热气和香气立刻缭绕在一起。

不是只用一个小火炉。烧了三四个菜，便有三四个火炉准备着，谁也不能受冷落。农家锅子，干菜和腊肉是主角。大别山区的腊肉是很有名的，冬季杀了猪，便把肉腌制晾晒，悬挂在房梁或屋檐下，一直晾到色泽暗红、肉质紧实。吃的时候，先取下来在大锅里烀，烀透了以后再切开配菜煮食，烀是必不可少的工序，不如此则腌气不能尽去，而腊肉的香味也在烀的过程中全部舒展开来。

干菜的品种很多，干豆角、月亮菜、萝卜菇、辣椒壳、茄子干……月亮菜，是霍山人的叫法，其实就是干扁豆；干豆角有两种，一种是像市场上常见的那样把豇豆余熟了晒干，而另一种则是把比较嫩的生豇豆一剖为二，直接晒干。制作时很费工夫，不过据说后一种味道更鲜香些。辣椒壳是干菜锅里必不可少的配菜，每到秋季，农妇们就把成筐的山区土辣椒，用剪刀一一剪成小块，摊在太阳下曝晒，本来很辣的辣椒经过这样一晒，很奇怪的不太辣了，与腊肉配在一起烧，可以大口地吃，有特别的干香。

（六）皖西四弦书

大别山连接鄂豫皖三省，是中原著名山脉、华东地区的屏障，是大陆由东向西的第一个台阶，其地理位置极其显著。《尔雅》上记载：东岳泰山、西岳华山、南岳霍山。

霍山县历史很悠久，周以前是皋陶后裔封地，汉武帝元封五年为建县之始，隋文帝开皇元年定县名霍山。该县地处大别山脉东段北坡，属淮河流域，境内海拔千米以上的山峰有 32 座，其中海拔 1774 米的白马尖是大别山脉最高峰。

在霍山一带流传着这样一种曲艺形式，用四根弦胡琴作为主要伴奏乐器，所以名为"四弦书"。

四弦书至今已有 150 多年的历史，最早起源于霍山民歌。演唱四弦书最著名的艺人是霍山的刘应才，他出生于 1909 年，11 岁开始就跟着师太陈玉宏学四弦书，陈当年已 76 岁，其祖上三代均为四弦书艺人。刘应才聪敏好学，后来走南闯北，靠卖唱为生，他把大鼓、坠琴、评书等曲艺形式借鉴过来，并对四弦书的曲调进行改革。几十年来他带过不少徒弟，其中有本县的，也有舒城、六安等地的。他把四弦书传遍了皖西地区，弟子李儒瑶、姜宏林等人均得其真传。

另有六安艺人李文全，艺名李园林，绰号李麻子。他出生于 1912 年，9岁拜师盲艺人余化龙，开始主要学习说唱、算命，后重点学习四弦书。历史故事《水浒传》《岳飞传》、民间小调《孟姜女》《玉美人》等，都被他改编为经典曲目。他对四弦书的声腔上贡献很大，由他改进后的"五字景""十字韵""情乐调"等，具有行腔圆润、变化多端的特色，人称"李派"。

四弦书演唱形式，初时都为一人自拉自唱，后增加了响板和醒木（行话称之"穷摔"）两件伴奏乐器。表演者双手演奏四胡，响板由两块竹板（或木板）串联绑在右膝下方小腿上，一片固定、一片活动，脚尖着地，颠腿即可敲击节奏，醒木置于右侧木凳上，说白时右手放下琴弓，抓起醒木拍击，

皖西四弦书

用以渲染气氛。然后是开场白,利用四胡拟人声,艺人与"他"对话或一问一答,或作妇女、孩子的哭声,或作鸡鸣狗叫等,以十分逼真的模拟和演奏技巧吸引观众,其作用犹如戏曲之"吵台"锣鼓。说书以唱为主,中间穿插间奏和说白,有时为烘托气氛,也会采用较长的间奏。

四弦书曲目主要分为:"书头子"和"正本书"。传统曲目有:《金牡丹》《九美图》《破孟州》《杨家将》《赵莽抢亲》《西厢记》《金鞭记》《五女兴唐传》《鹦哥对》《挖白菜》《三婿上寿》《十二月颠倒颠》《孟姜女》《韩湘子讨封》《竹木相争》《大宋金鸠记》等等。新编曲目有:《伪县长钻床肚》《淮海战役》《芦荡火种》《智取威虎山》《两亲家》《三退彩礼》《野火春风斗古城》《铁道游击队》等等。

四弦书因地制宜地传承了皖西地方民歌小调,借鉴了河南坠子、梨簧调、大鼓、评书等戏曲曲艺形式,结合地方民风民俗保留了大量的民间趣闻、故事、传说,是皖西地方文艺不可忽视的音乐活化石。

2004年霍山县举办了"中国·大别山民俗文化大奖赛",刘应才的学生姜宏林把四弦书《榜样》搬上了舞台,大受喝彩。

（七）岳西高腔

岳西县地处大别山东南腹地，皖西南边陲，江淮分水，古皖源头。春秋时期为吴头楚尾，乃历代兵家必争之地。岳西县属纯山区，境内群山环抱，沟壑纵横，峰峦叠嶂，山高林密，平均海拔 600 米，千米以上的山峰有69 座。

铿锵的鼓乐，清雅的唱词，古朴厚重的曲调……岳西高腔传承中心的表演获得了热烈掌声。岳西高腔是明代万历年间风靡全国的戏曲——古青阳腔的遗脉。青阳腔当时与昆腔齐名，人称"时调青昆"。

安徽本土形成的三代戏曲：高腔（青阳腔）、弹腔（徽调）、黄梅戏，在岳西都有流传，因长期处于封闭环境而呈现出原生状态。明代古老剧种青阳腔的遗脉岳西高腔，自明末传入以来与本地民俗文化共生相融，形成一种特有的传承与生存方式，造就一种特殊的"高腔文化"环境，凸显其独有的文化特质，有"明代青阳腔活化石"之称。

《中国戏曲史话》记载道："到了万历年间，大城市中，青阳腔最为盛行。当时人们把它与昆山腔并称，呼之为'时调青昆'……"青阳腔的形成是明代徽州一带艺人为中国戏曲做出的巨大贡献。青阳腔于明末清初开始走向衰落。如今，在其发祥之地——池州、青阳一带已湮没无闻了。但是，就像大潮退后低洼处会留下沼泽一样，青阳腔在大城市衰落，早先流入乡村的青阳腔却得以部分地保留下来。地处大别山腹地的岳西县有幸传承了这一古老剧种，历尽 300 多年风雨仍延续着青阳腔一线血脉。据不完全考证，至今，仅安徽岳西与江西湖口民间仍有人习唱高腔。岳西高腔的承传，有着重要的戏曲史学价值。

五河镇至今流传着一副戏联："一出升平歌大有，万家欢乐唱高腔。"读着这副对联，透过百年时空，我们可以想象，在青阳腔走向没落之际，它的支脉岳西高腔却在这 2000 多平方千米的莽莽深山区，走向了极度的繁荣，创下地方戏曲史上的奇迹。

岳西高腔演出

　　岳西高腔现存 200 多个剧目，演出的剧目分为喜曲和"正戏"两大类。喜曲剧情简单，内容具有明确的针对性与实用性，直接参与民俗活动，如灯会上唱《天官赐福》等。正戏以明代传奇剧目为主。

　　岳西高腔剧目的最大特点，便是大量运用"滚调"。它将传统曲牌结构破开，在曲词的曲前、曲中、曲尾、曲外，自由地增加不拘韵律、句式、字数的唱词和说白。"滚调"的大量运用，带有明显的曲牌体向板腔体过渡变化的印痕。从音乐方面看，岳西高腔具有声调高锐、人声帮和、以锣鼓伴奏的特点，表演起来一唱众和，既古朴喧闹，又委婉抒情。

　　岳西高腔的另一大特色是演唱与民风民俗融为一体，特定的场合必须唱特定的"专题剧目"。如寿戏要唱《庆寿》《讨寿》《上朝》等，贺新屋要唱《观门楼》《修造》《贺屋》等。部分演出还有一定的仪式和程序，形成固定的"戏俗"。比如"闹绣"用于"闹新房"，先在大门外唱《观门楼》，进大门后过中厅时唱《过府》，至堂轩落座时唱《坐场》，用过茶烟稍事休息后再进新房。少则十几出，多则几十出，常通宵达旦，尽兴方休。

表演时分两种形式，其一是"围鼓"，属清唱，艺人围鼓而坐，各执一件打击乐器，以鼓板师领头，一唱众和；另一类是岳西高腔表演中居主导地位的表演形式，化装登台演出。岳西高腔的艺人分为正生、正旦、小生、小旦、净、丑、末、夫、外、杂10行角色，扮演剧中人物，基本沿用青阳腔的行当角色体制。

清末以来，岳西高腔几度兴衰，处于濒危境地。但岁月无法掩盖岳西高腔这一古老稀有剧种的独特魅力。新中国成立后，岳西县曾花大力气挖掘、拯救因绵延战火而辍演20多年的岳西高腔，并成立了岳西高腔剧团，以幸存的老高腔艺人为师，传承新人。1960年高腔剧团解散，大规模的舞台化装表演岳西高腔逐渐停歇。20世纪70年代中期，岳西高腔在民间也几近绝响。2002年，岳西县举行大型民间文艺展演时，通过挖掘、演练，岳西五河镇原民间高腔班的几位老人登台表演了一出高腔——围鼓坐唱，县剧团的演员表演了一出高腔折子戏。2006年5月，岳西高腔入选首批国家级非物质文化遗产名录。

（八）枞阳东乡武术

枞阳县域，在新中国成立前属桐城县的东乡和南乡。旧时，桐城有句口号："文不过南乡，武不过东乡"。"东乡"包括现在该县的周潭、项铺、汤沟，自古以来，"东乡"尚武，其中周潭镇就是东乡武术的发祥地和传播中心。

早在元代，这里就居住着两大家族：鹞石周氏与大山章氏。据《章氏族谱》记载，大山章氏，祖居福建蒲城，其祖章仔钧系唐朝武将。仔钧公后裔的一支于唐末迁至安徽泾县，元代迁至枞阳周潭开枝散叶，发展成一个庞大的族群。章氏家族崇尚武学，家学渊源深厚，历代都有赫赫战功。明初，大山章姓的一位姑娘嫁给鹞石周氏的三世祖，后又世代联姻，因而章家的武功传到了周家，于是周家的习武之风大兴起来。

东乡武术的鼎盛时期是在明清，章、周、陆、邓、谢、王、汪、吴这几个姓氏的家族，男女老少嗜武成性，家家备有刀枪棍棒，奇拳怪招，高手如云。每年农闲时或者春节期间，几大家族都要以武会友、摆擂比试。后来武林中不少人听说东乡习武成风、高手林立，都慕名而来，同时也将南北门派的武学精髓带到了东乡，不少外地人因而还定居于此。

到了清初，以周潭为中心，周围50里的居民都争相习武，习武之风遍及整个"东乡"，形成了"东乡武术"。吴汝纶说："东乡俗尚意气，其民好斗敢死。"东乡武术和它所包含的侠义精神，对枞阳人的品性影响极大。为维护各自宗族利益，各族族长请武师、办武堂，培养武功人才，从而推动了东乡武术的发展。

关于东乡武术，在历史上颇有一些事迹和传说。一是清道光年间，东乡三十六名教应江南乡民求援，来到九华山，大战"花和尚"贾似道，为民除害，威震江南；二是咸丰年间，东乡三十六名教率领众乡亲，数次与骚扰乡民的太平军展开激战，伤亡惨重，遭受重创。清末以后，东乡武术渐渐走向衰落。

"三十六名教打九华"的故事发生在清道光年间，有一个叫贾似道的大内侍卫因勾引宫女事发，畏罪潜逃到九华山出家为僧。贾似道自恃武功高强，在九华山纠集一批六根不净的酒肉和尚为非作歹、欺男霸女，把九华山佛门净地闹得乌烟瘴气。当地乡民痛恨他们，却又无可奈何。他们听说江北东乡武林高手众多，于是就派人前去求援。通过周密部署、精心安排，三十六名教乔装打扮，装作进香的居士混进九华山，各人施展生平绝学。战斗开始后，三十六名教中的孙铁头一肩扛起重五百余斤的大门，抛下山崖。一个守门的和尚见势不妙，按动机关，要放下千斤闸，封锁山门。武师邓贤美眼疾手快，一肩扛住千斤闸，众武师一拥而入，亮出武器，大打出手。三十六名教中排名第一的武师章冠鳌生擒花和尚贾似道，将一帮恶贯满盈的和尚尽数剿灭，打掉了这一黑恶势力。这一侠举大快人心、轰动武林，民间艺人把"三十六名教打九华"的故事编成戏文唱词，唱遍大江南北。

章冠鳌后来为保护乡里，在与太平军的激战中阵亡。桐城派后期大师吴汝纶在东乡避乱期间，亲耳听到关于章冠鳌的故事，有感于此人的侠义精神，

115

为他写下《章冠鳌传》。这是关于东乡武术弥足珍贵的史料。

传记中这么写道："章冠鳌者，桐之东乡人也。其先世世习农务。冠鳌为人骁勇有气力，然亦业农，为人佣，尝任并日之功，人争致之。东乡俗尚意气，其民好斗敢死。冠鳌居东乡，乡之力士皆出其下，子弟攻武艺者多从冠鳌游……冠鳌之族数千人为前队，与贼遇，贼众且十倍章氏，他族见贼众甚，皆望风而靡，莫敢援章氏者。贼围章氏数重，章氏大困。顷之，一人带剑持矛，奋臂大呼，率众突围而出，出顷之复入，如是者三，格杀贼不可胜计，矢石火炮如雨注，不能中，出入重围中如无人，贼众辟易，不敢仰视。询之，乃冠鳌也。"这里讲述的是在清咸丰年间太平军与东乡武师的黄柏岭决战，东乡三十六名教之首的章冠鳌表现出色，他与众乡亲拼死抵抗、力竭而死，为东乡武术写下可歌可泣的一页。

民国以前，东乡人在农闲之际，特别是春节期间，多以自然村庄为单位组成习武小组，俗名叫"场子"。习武的青年人在 20 岁以上，先学徒手，后学武器（刀、棍、铁尺、鞭、耙等）。学员可相互比武、切磋技艺，最后同师傅对打，俗称"破拳"。教"场子"的称为拳师，教学有成绩、有影响的称为"老拳师"。旧时，拳师在授徒时往往留一手，即"看家的本领"不教，以免在"破拳"时被徒弟所伤，闹出笑话。

干农活用的钉耙、扁担、叉子，都被精通武者设计了武艺动作，成为套路。还有一位农家拳的高手发明了用半个钉耙战斗的狠招，他名字即称"某半耙"。武侠影视中侠客以纸扇做武器，出神入化，东乡的神手们以干活擦汗的大毛巾也能甩出攻防的招数。

东乡武术主要是两方面：一是拳术套路，一是械术套路。拳术姿势有高盘的少林式——飞脚能跳墙，有低盘的武当式——缩身扫地桩。械术姿势，五花八门、灵活多变，如"大刀斩四门""长棍探龙潭"等等。风格现以中、低盘架势为主，走趟以"田""一"字形为多。步型中马步、弓步和震脚为多，转辗幅度小，真所谓拳打卧牛之地。肢体动作以拳、掌、肘、上肢动作为主。劲力以刚劲为主，行拳迅速、灵活多变，勇猛凶悍。

"东乡武术"还有不少神奇、神秘的"功"法。比如轻功，"贴壁挂画"即是其中的一种。另有"二龙戏珠"、点穴法、铁砂掌、硬功等都是最难学

枞阳东乡武术

的。在三十六名教中，都或多或少各有所长地掌握了不同的奇功绝技，可惜这些"功"都无文字传承下来，加上过去我国古代习武练功历来有"家传不外传""传媳不传姑"的规矩，所以它们几乎全都失传了。

如今，东乡习武之风犹存。东乡武术作为一种地方风俗、武术遗产，主要为了自卫、健身，也可为现代反恐擒拿、武装侦察的技艺注入古典武艺精华的有益元素，使其重放光芒。这也是一种实用的"古为今用"吧！

（九）叶集柏树庙会

叶集位于六安市西部，与河南省固始县交界，南依大别山、北临淮北平原，故有"安徽西大门""大别山门户"之称。

叶集在春秋时称鸡父邑，至明永乐年间开始立埠兴商，清代中叶《霍邱县志》记载："邑中舟车之集，商贾所凑以叶家集为最。"叶集南北街道及各港口分布着河南、山西、湖北、陕西、江西、安徽六家商务会馆和600余家货行、商店、手工作坊。此后，叶集一直为豫皖边界一个重要的经济政治中心。

目前，古街上保存较完好的是江西商务会馆。该会馆始建于明万历年间，又名真主庙，系江西省旅叶商贾为江西客商办公所建。原建筑有大殿一座，中拜殿三间，花厅禅堂各三间，东西两廊建配殿、偏殿各三间，门前戏楼三间，戏楼两旁厢房各三间，整个建筑呈一派徽式风格，挑角画梁、滚龙抱柱，雕刻精美。从其建筑设计、风格可见当时叶集商贸文化之兴盛。

商贸街一条长为五里，也就是现在保存下来的叶集老街。老街分南街和北街，宽约10米，两边建筑多为灰砖青瓦木结构，门多为铺板木门、沿街房屋为阁楼式样，下层经营、上层堆货。后面建成厢房和客厅，老商铺门牌字号还依稀可见。

当年由鲁迅先生创办的未名社，共有六名成员，其中叶集籍的韦素园、李霁野、台静农、韦丛芜均出生于这条老街，如今他们的故居还散见于老街深处。

新中国成立后，随着农业型社会向工业型社会的转型，豫皖边界的商贸日渐冷落，昔日风光不再。在叶集，还有每年一届的"柏树庙会"，至今仍然兴盛。

"柏树庙"原名"东岳庙"，系供奉东岳王爷的庙宇，因庙内有一棵参天苍柏，故又名为柏树庙。该庙位于叶集镇彭台村，始建于隋朝，千余年来香火连绵不绝，至清中叶盛极一时，当时拥有产田百余亩，后因战乱，遂遭破坏。

清道光年间，本地支、孟、杜三大家族曾集资对庙宇进行重建，有住持僧等十余人。民国十九年（1930），殿宇再次遭破坏。新中国成立后，柏树庙改名为柏树中学。1996年春，经政府批准，学校迁址重建柏树庙。庙内供奉东岳之神和十殿宫真君。1997年，彭台村将庙内外修缮一新，改名为"柏树公园"，并于2002年至2004年，对原庙建筑重新维修，新建大雄宝殿一座，成为一个集宗教、旅游休闲于一体的旅游景点。

随着柏树庙影响的日趋扩大，每年农历三月二十八日，传说为东岳王降生之日，方圆百里的群众都来此庙祭祀烧香许愿，逐渐形成每年一次的柏树庙会。庙会这天，善男信女纷至沓来，烧香还愿、求签问卜、祭祀祖先、寻根问祖、求子挂红者络绎不绝。

久而久之，在柏树庙附近形成了一年一度的庙会，在庙会上，集中了杂技、木偶戏、花鼓、猴戏等民间艺术和民间交易活动，成为鄂豫皖三省边界的一个民俗活动集中地和民间土特产市场，吸引了大批外来游客参观游览。

五、皖 之 北

（一） 淮河三峡

淮河是我们江淮儿女的母亲河，它不仅自然风光秀美，还有着动人的神话和传说，令人神往。

遥望淮水，涓涓细流自桐柏山一路蹒跚而来，渐渐滚滚东去，至八公山下回环北折，绕群峰，腾激浪，骤然穿入险峻的硖山口——这是淮河第一峡。硖山口是三峡中最窄险的一峡，平均宽约 300 至 400 米，最狭处仅 100 多米。两岸危岩对峙，峭壁如削，硖山口的东西硖石即原来的硖石山。民间相传硖石山原是一座整体，因淮水被其阻塞，泛滥成灾，后被大禹用神鞭劈开，于是分成东西两座山。从此淮水畅流，农田受益，百姓安居。为了纪念大禹，沿淮人们在西硖石山建禹王庙一座。禹王庙前山如铜关、涛似惊雷，被称为八百里"长淮津要"，历来就是兵家必争之地。东硖石山上有古城废墟，那是著名的淝水之战时，东晋龙骧将军胡彬的水军寨垒遗址。硖山口又是淮河上风景胜地，"硖石晴岚"是寿阳（寿县）八景之一。禹王庙前慰农亭，有对联一副："寻胜值公余，看淮水安澜，硖石拱秀；系民怀在隐，顾春耕恒足，秋稼丰登。"

淮水出硖山口恢复东向，经凤台，入怀远，于荆、涂两山之间蜿蜒流过，这便是淮河第二峡——断梅谷。东岸涂山海拔 338.7 米，西岸荆山高 258.4 米，两山峡谷宽 600 至 900 米，河流不缓不驰。涡水于荆山北麓入淮，山麓有卞和洞、白乳泉、望淮楼等名胜，山顶建有启庙。与涂山顶上禹王庙隔河相望。登临绝顶，但见"两山如虎踞，双水似盘龙"。由此不禁想起那古老的传说：相传大禹曾娶涂山氏之女为妻，新婚后仅仅 4 天就外出治水，10 余年未归。有一次大禹路过家门，他儿子启刚呱呱坠地，他都没进门看一看。涂山氏盼禹归来，天天在山坡上张望，后竟然化为一块石头，这就是留存至今的望夫石，又称为启母石。几千年来，启母一直关心地望着淮河。淮河继续东进，绕过珍珠城蚌埠，流向第三峡——浮山峡。

浮山峡位于明光市的浮山集和江苏泗洪县的潼河口之间，两岸山丘都不高，北岸峰山海拔 82 米，南岸主峰紫阳山海拔 111 米。两山相距约 5000 米，是山峡中最宽的一峡。这样宽的山峡，河水本可畅通无阻，然而在 1400 年前，南北朝时期梁武帝萧衍竟拦河筑堰，使淮水断流，史称"萧梁堰"。截流后，沿淮数百里一片汪洋。公元 156 年秋，淮水暴涨，浮山堰被冲垮了，倾泻的洪涛，使下游村镇数十万居民、军士漂没入海，造成惨绝人寰的浩劫。

淮河

（二）郢都古城

当你快到寿县县境时，天际间突然会升起一道云幕，由远而近，向你扑来。这时你举目遥望前面，有如高山大岭，黑云压境，长龙卧地，真把人惊呆了。原来这壮丽的景象竟是郢都古城。随着距离的缩短，人们终于看清了它那高耸的城楼、巍然的城垛、巨大的身躯，逶迤在八公山下，仿佛张开双臂欢迎南来北往的游人。

寿县古城，四水环绕，固若金汤，嵯峨壮丽。南门名"通淝"，东门名"宾阳"，西门名"定湖"，北门名"靖淮"。角楼八座，警铺55所（多半已毁）。城身成正方形，四门有"十"字大街相通。除西半阙为现代人工石建外，东半阙依然是古代大陈砖旧墙。据旧志记载，该城系五代十国时后周世宗所筑（也就是民间流传盛广的赵匡胤战寿州时的那段时间），后来北宋熙宁年间沿筑，南宋嘉定年间建康都统许俊重修。这个记载属实，如今城墙上还有碑石铭记"建康许都统修城砖"的字样。也就是说，现存城郭已历经沧桑1000余年；即使从许俊修城墙算起，也有近800年的历史了。这在全国县一级古城中是极为罕见的。

古城为何经久不衰、耸然屹立呢？原来这里北临淮河，东有淝河，南滨瓦埠湖，西有城西湖，地势低洼，四水萦门，形如井地。寿县人之所以能在"井城"中立足生根、休养生息，全靠了城墙。所以，城墙在这里不仅是扼制战祸的屏障，而且也是抵挡洪水的堤防。"有城才有寿县"，这是当地人民的经验之谈。城墙保护了人民，人民爱护城墙。多少年来，这里的人民养成了一种特有的习惯和作风：一旦洪水暴涨，他们就倾城出动，奋力保护城墙。在"文革"中，有人想拆墙扒砖发大财，这不仅遭到了全县人民的反对，而且促使人民采取了护卫城墙的新措施，他们艰苦奋斗，先后用石头、混凝土，把西段长达3329米的城墙修葺一新，使之更加坚不可摧、巍然壮丽。

也许有人要问，城墙阻洪可信，暴雨又从何处排出呢？原来寿县人民习惯地把这里称作"筛子地"（下雨存不了水），这说明此地文化堆积层相当

郢都古城

厚。据该县城建、文化部门多次试挖探方证明，这里文化层的厚度都在 4 至 10 米。其文化层来源可以追溯到人类黎明时代。史载，公元前241 年，楚考 烈王就曾迁都于此，而移地托名，也称郢会（原在江陵称"郢"）。后来秦、 汉、南北朝时期，这里就与邯郸、洛阳、蓟（北京）、临淄、定陶、宛（南 阳）、合肥、吴（苏州）、番禺（广州）齐名，统称天下十大都市，或"六朝 胜地"。特别是淮南王英布、刘长、刘安，以及袁术等都相继在此营筑高墙， 称王称霸。所谓"一人得道，鸡犬升天"的传说，和"八公山上，草木皆 兵"的淝水之战，都流源于这里。以后又一直是唐、宋、元、明、清在江淮 地区重要的政治、经济、文化的中心。而随着岁月的流逝、兵燹的兴降、水 灾的起止，就形成了一朝又一朝、一代又一代的堆积文化层，这种文化层就 是"筛子地"。"筛子地"渗水，城墙堵水，巧妙地构成了天然的防洪排洪系 统。这样，任它风狂雨猛、洪水天降，城里也会生机勃勃、安然无恙。 1975—1991 年夏天，就曾多次发生此类事情，那时城外一片汪洋，大水直淹 到距城墙顶端 1 尺左右，防洪民工可以坐在城楼上洗脚、淘米、洗菜，但低 于水面 2 丈多的寿县城里，地上却毫无积水。

这恐怕就是前人所赞美的古城之"奇"吧！由此，可以解开寿县古城至今犹存之谜——在于当地人民早已掌握了它的科学道理，并运用于实践，让它永远造福于子孙后代。

寿县古城虽比不上巍巍的万里长城、金碧辉煌的北京紫禁城、虎踞龙盘的南京石头城，但它却别有一番古朴、雄奇！1986 年 12 月 8 日，国务院已将这座年代久远、充满科学之谜的古城，列为国家历史文化名城，并对外开放。

（三）"粉团洲"与东瓯王墓

蚌埠旧属凤阳，所以有不少明朝遗迹，"粉团洲"与"东瓯王墓"就是一例。

粉团洲在蚌埠东侧长淮卫，有朱元璋家族十王四妃墓，葬有朱元璋叔父寿春王、寿春王之四子五孙之妃。明天启年间知县袁文新所撰《凤阳新书》云：十王四妃坟在粉团洲，淮水南岸白塔湾，"旧有殿庑门垣，屡被淮水淹没"。今土城尚在。洲上多白沙，后人更附会王妃胭脂香粉不灭所致。说也奇怪，今若到此，游人仍可闻到阵阵暗香，大有英灵"怨洒胭粉泪，纷纷扬扬难解恨"之情。

东瓯王墓在蚌埠东南郊龙子河东岸。墓前神道 225 米，两侧竖有石雕 5 对；甲士 2 人，手按佩剑，仪表森严；文臣 2 对，拱手执笏，恭听从命；坐狮 1 对，昂首怒视，不可侵犯；跪羊 2 只，府道瞑目，乖顺可爱；马伏 2 组，人悍马壮，侍王出征。神道两端有碑，高 6.35 米。原有碑亭已在清末倒塌。墓室为大型单券式砖石结构，分前后两室和一侧室，棺置中间，后有女棺。该墓虽多次被盗，但在 1973 年挖掘清理时，见圹志篆书"东瓯襄武王汤公"，并有楷书全衔："大明推诚辅运宣力武臣，特进光禄大夫、都督府左都督、左柱国、信国公、赠东瓯王、谥襄武王汤公。"墓中文物 136 件，有金银、玉片、琥珀、陶瓷、木俑等珍品。特别是青花瓷罐，其优美的造型、清秀的花纹、高超的工艺，被列入国家一级文物。

东瓯王墓

汤公乃朱元璋老乡汤和（1326—1395），字景臣，凤阳县东湖村人。曾追随朱元璋起义，战功卓著，为明朝开国元勋。打下天下以后，汤和便主动自请解除兵权，再不过问国事，朱元璋对此自是求之不得，欣然同意，所以死后才有这许多吓人头衔。但同样是老乡、是功臣的徐达（1332—1385），就显得有点不聪明，朱元璋见他迟迟不肯罢官解除兵权，竟趁他身患背疽忌吃鹅肉时，赐他熟鹅，徐达流涕而食，不日即死。

（四）涂山的传说

涂山在淮河东岸，与荆山对峙。它依水浮浪，挺拔峭壁，历来是文人挥毫抒情之所。相传涂山一带曾是原始社会后期涂山氏聚居的地方，史称"涂山国"。大禹之父名鲧，因治水不成被杀，死后化为"黄熊"。禹继父治水，会诸侯于涂山，执玉帛者万国，"防风氏"违命迟到，被禹所斩。他率众首先凿开荆涂二山之间的断梅谷，使滔滔洪水滚滚东流。涂山至今仍有"禹会村"

125

（禹墟）、"黄熊庙"、"启母石"等陈迹可见。

大禹治水名垂青史，司马迁在《史记·夏本纪》云：禹"娶涂山"生子名启，立即出门治水，善于疏导，"故能成水土功"。司马贞《索隐》："涂山，在寿春（今安徽寿县——作者注）东北。"禹不辞劳苦，珍惜光阴，心无二用，全力治水，励志可嘉。《庄子·天下篇》称其常年奔波，"淋甚雨，栉疾风"；《列子·杨朱》也称其劳累过度，以致"身体偏枯，手足胼胝"；《孟子·离娄》中有"三过家门而不入"之赞语。所以成语"栉风沐雨""胼手胝足""爱惜寸阴""过门不入"等，皆出于此故事，且人们耳熟能详。历代文人更是大加赞扬，赞美大禹事迹的诗篇亦如山下流水，涓涓而流、朝朝不断。

涂山

涂山之巅建禹王庙，又叫禹王宫，至今完好，三殿二院，正殿有大禹塑像，两侧有古联："高山垂四壁，古庙独千秋。""三过其门，历数辛壬癸甲；八年于外，平成河汉江淮。"后院有千年银杏，浓荫修竹，品著佳境。银杏屡遭雷击，但新枝又发，其中长出桃树，名为"树中树"，实乃天下奇观，有诗赞道："山外有山都如画，树内生树不知年。"前山坡上有一人形石，便是大名鼎鼎的启母石（又称望夫石）。如今，每年农历三月二十八日，附近群众总要敲锣打鼓、载歌载舞上山来举行禹王庙会，以表达人们对这位英雄的景仰和对他们坚贞爱情的歌颂。

庙前有平台，登高鸟瞰，长淮奔流，白浪如雪，荆山如黛，远村如烟，无限风光尽收眼底；再仔细体味那种种动人美丽的传说，更加领略到历史在这里写下的沧桑痕迹，这正如清代邑人林之望在此所书楹联所云："登涂山看淮河八百里风光；瞻禹宫观夏代四千年古迹。"

宋代诗人苏轼《涂山诗碑》亦云："川锁支祁水尚浑，地理汪罔骨犹存；樵苏已入黄熊庙，乌鹊犹朝禹会村。"

（五）阜阳丧葬习俗

有着2500多年历史的皖北重镇阜阳，由北而西分别与苏、鲁、豫三省相邻，自古以来便有"襟带长淮，控扼陈蔡，东连三吴，南引荆汝；梁宋吴楚之冲，齐鲁汴洛之道；淮海内屏，东南枢辖"之评论。得天独厚的地理位置，使南北文化分野交界线上的阜阳，时时处于南北文化的交融、对流之中。丧葬木棺土埋，是千百年的习俗。

阜阳人民重丧礼，认为厚葬是儿女对父母尽孝的最后时机。

土葬习俗甚繁。棺材——老人年过60岁，儿女便开始准备，以相、梓、桐为多，忌用桑木。以棺底、墙、天的厚度（寸）分为四、五、六的，三、四、五的，二、三、四或一、二、三的不等。多漆黑色，有的紫色。穷家或未成年人用棺，不涂油漆，叫白楂棺。买棺材运到家时，人未亡棺头朝后，若棺头朝前，说明人已亡故。

寿衣——城乡居民到了老年，有提前做寿衣的习惯。亡人穿的衣服，以蓝色为主。男戴道士帽，穿长筒靴、长袍衫，以麻系腰间。女裹头巾、穿大袄，袄红色，外套蓝衫。

治丧——老人绝气前先穿好衣服，躺放在灵箱上，儿女在旁守护，绝气时要呼叫一番，随后化冥纸，叫烧倒头纸。父母亡故，儿女脱袜脱帽，开始行孝。

第二天换白衣白帽，称为穿孝。亡人绝气，孝子先去外公家，随后到长辈家叩头，叫报丧。停尸期间，孝子在灵箱或棺侧轮流守候，叫守灵，在守灵期间，不准睡床。亲朋吊唁，孝子叩头致谢。亡人入棺。棺底铺草木灰、垫棉褥，身下垫硬币，称为垫背钱，口中噙一枚钱，称为身口钱。用白布或蓝布作枕，头两边垫旧衣，与棺极保持一定距离，把贴身旧衣撩在房子上。在出殡前棺盖不能盖严，棺材头前放一盏油灯、一碗面条，碗上放一双竹筷，另用一只竹筷插馍上。

丧事一般三天，旧时富家有一个星期的，殡前一日，子女亲属到附近的十字路口，跪哭一番，烧冥纸、烧纸轿纸马，把桶里面水倒地下，名为送浆水，或叫送汤。亲朋吊唁，旧时送火纸，至亲扎"设话"（纸人、纸马、金山、银山等），而今多送花圈、挽联、酒、肉、烟、钱等。农村亲朋吊唁，有条件的留饭，给白帽或白手巾，而今多给黑袖章；不留饭的，由执客（操办人）说明情况。孝子孝媳、孝女孝婿穿重孝，白帽、白巾、白褂、白鞋、束白带。长子白帽麻顶，其他亲属因亲疏而异。亡人孙女戴白帽缀红缨，执客也戴白帽。

殡葬——坟地要高而且平，老人去世，葬族中老坟，青年早逝或非正常死亡，另择墓地。旧时择地，请阴阳先生选定。坡地后要高，前方有沟有塘或有洼地，叫"得风水"。

出棺多在午前，打发人挖墓穴后，即可盖棺。盖棺前，死者亲属绕棺瞻视，并用白布蘸水在亡人面前划圈，称为净面。这时，亲人不许哭，不许滴泪。盖棺出殡，由长子或长孙扛幡，棺离地，孝子将面前瓦盆摔碎，俗称摔牢盆。旧俗：谁打幡摔牢盆，谁就是死者的第一合法继承人。孝子领棺去墓地，女性不准到墓地。妯娌边哭边抢棺凳，叫作抢财帛。孝子从地里包回墓土，倒入粮囤，也叫财帛。棺入土，宾客当日即可散去，当日不走，必须留住三天。

死者若是70岁以上老人，称老丧或喜丧，殡葬完毕，可以说是老人升天去了，宾朋可以饮酒欢笑。祭扫殡葬当晚，亲属到坟前烧纸，送碗和帚把，谓之安家。第三天，到坟前烧纸封土，谓之圆坟。这日，孝子如因公务或其他原因要离家，可在坟前脱下孝服、孝鞋，叫作换孝，以后第七天烧头七纸，第三十五天烧五七纸。除了年节祭扫，一周、三周年，都要祭奠。旧时丧事请阴阳先生，还根据死的日期和指纹，确定何日何时出殡。出殡之时，家人全部躲走。

近些年破除封建迷信，其俗已除。旧时富人亡故，请吹鼓手吹奏，直到亡人入土方走。而今农村仍有沿袭者。非正常死亡及死于户外者，遗体不进家，在宅上搭篷祭奠。夫妇合葬、满三周年，才合成一坟。

移葬，又叫起坟，多选在周年或清明节前，深葬是近几年倡导的，在农村较盛行。

（六）垓下之战留青冢

在史家之绝唱《史记》中记载：公元前202年12月，汉王刘邦率诸侯兵30万，追击西楚霸王项羽，将项羽围困垓下。韩信指挥从四面八方赶来的几十万汉军十面埋伏，层层包围。张良又令各营夜奏楚乐唱楚歌。楚军兵少粮尽，特别是到了夜里，被四面楚歌唱得更是军心涣散。项羽也疑心汉军进得楚地，遂以酒浇愁，与虞姬对饮帐中，愤然起舞，慷慨悲歌："力拔山兮气盖世，时不利兮骓不逝；骓不逝兮又奈何？虞兮虞兮奈若何！"虞姬听了十分悲恸，和了一首歌："汉兵已略地，四面楚歌声，大王意气尽，贱妾何聊生！"歌罢，抽剑自刎而死。霸王悲痛欲绝，左右亦皆泣。虞姬死后项羽跨上乌骓马，带800亲兵携虞姬的头颅突围，民间传说，项羽将虞姬头颅葬在今灵璧县城东10里处。后人感其忠烈，为之修墓立碑。

据吴骞《拜经楼诗话》云："虞姬墓在灵璧县，有草红色，见人辄舞，俗名虞美人草。"说也怪，至今这种红色小草萋萋满园，芬芳扑鼻，微风中翩跹起舞。此种情景，亦如王安石所咏："美人为黄土，草木皆含愁；红房紫谭处处有，听曲低昂如有求。"

千百年来，前往虞姬墓凭吊者不乏其人，墓园中原有一块石碑镌着苏轼的一首诗："帐下佳人拭泪痕，门前壮士气如云；仓皇不负君王意，只有虞姬与郑君。"虞姬墓的西边，至今仍有一个叫霸王离铺的村庄，相传就是霸王别

垓下遗址

姬的地方。霸王别姬的故事，经过文人加工，被搬上舞台，在我国几乎家喻
户晓、妇孺皆知。1982 年，灵璧县人民政府对历史上几经劫难的虞姬墓进行
修葺，并在原有的基础上拓宽了墓园，筑起了古色古香的院墙和园门，使之
焕然一新。踏入墓园，墓冢碑石掩映茂林修竹之间，墓额有"巾帼千秋"四
字，碑联曰："虞兮奈何？自古红颜多薄命；姬兮安在？独留青冢向黄昏。"
对联凄苦衷婉，道尽一代丽人之悲凉。这里是怀古探幽的好去处。现虞姬墓
已被国家列为省级重点文物保护单位。

（七）刘公祠前说"顺昌大捷"

阜阳城西北隅有刘公祠，为纪念南宋名将刘锜而建，至今尚存。《阜阳县
志》记载刘锜大破金兵，取得"顺昌大捷"时所遗古迹及战场：城北 20 里李

村，城西 60 里包集，城南 30 里白沙窝，均是当年激战沙场，城西北 80 里贺胜石，是顺昌知府陈规犒赏三军的祝捷之所。

顺昌，即今阜阳，是淮北平原重镇。金要灭亡南宋，必先夺取顺昌，占领江淮；南宋要阻止金兵南下，也要固守顺昌才能保全江淮。于是宋、金在顺昌爆发战争势所必然。

宋绍兴十年（1140）五月，新任东京副留守刘锜率军 3 万，由临安北上赴任，行抵顺昌遇金兵南下。刘锜先令人凿沉船只，自断退路，又置妻儿于寺中，四周积薪，以便守战失利焚家全节。后与顺昌知府陈规加紧修建城防设施，军民同心协力，"男子备战守，妇女砺刀剑"。经过六昼夜紧张准备，金兵前哨已抵城下。刘锜预设埋伏，捉到金兵头目阿黑等人，了解到敌情。六月十一日，趁敌人立足未稳，派兵千余趁夜袭击，首战告捷。

六月十五日，金兵三路都统葛王褒 3 万余人与龙虎大王合兵围城，被刘锜杀退。刘锜又两次派兵趁雷雨黑夜袭击金营。宋军口衔竹哨，闪电一亮，哨音四起，奋勇击杀；闪电一止，宋军隐匿不动。这样忽战忽隐，金兵晕头转向，终夜自相残杀，损失惨重。

金帅完颜宗弼（兀术）在东京得知金兵屡遭失败，亲率十几万大军来援，六月二十三日到顺昌，见城垣低矮，他骄狂地说："破此小城，用靴尖即可踢倒。"为激怒金兀术，刘锜派耿训下战书说："如果你敢与刘将军作战，宋军将为你架五座浮桥渡过颍河。以示'欢迎'。"金兀术也狂妄地说："明日到顺昌府衙会宴。"

六月二十五日，5 座浮桥架好，金兵渡颍河。金兀术穿白袍，乘铁甲马，以 3000 牙兵督战。牙兵均系金军精锐，由各地酋长率领，号称"铁浮图"（即铁塔之意），又称"常胜军"。上午天气清凉，刘锜按兵不动。下午烈日暴晒，金兵远来疲劳，铁甲在身，燥热难当。又因宋军在颍河撒毒，金兵人马中毒很多。宋军轮番吃饭休息，士气旺盛。刘锜突然派数百人出西门击战，分散金兵注意力，然后派数千人出南门冲击金兵大营。金兵 3 人一组，用皮带贯连，每进一步，后面用拒马禾拥住，不可退却。守军两人一组，一人用长枪挑掉金兵铁盔，另一人用利斧砍杀，金兵哭喊之声遍野。金兀术又调集"拐子马"分左右两翼包围宋军，也被宋军杀败。

傍晚，宋军回城吃饭休息后，再次出城痛杀金兵，金兀术平日仗恃的"拐子马"十损七八，只得败退。当夜大雨倾盆，平地水深1尺，残余的"拐子马"无力战斗。宋军又冒雨追杀，金兵被歼数万。

六月二十六日，金兵逃至太和，金兀术连睡数日，鞭打韩常等金将以泄愤。六月三十日金兀术只得率残兵经陈州向东京逃去。

刘公祠

顺昌大捷激励了南宋军民的抗战勇气。知府陈规用帛14万匹来犒赏军队，刘锜均给将士。为纪念此战役指挥者刘锜，顺昌民众在城头建刘锜生祠一座，神龛匾额上书"南京屏"四字，明柱题联曰："铁浮图锐利非常，自来中国横行，独畏我顺昌旗帜；金兀术骄狂太甚，妄将坚城踢倒，试问他多大靴尖？"祠内有报功堂，清人葛焘有《刘公祠》诗曰：

殿宇巍峨接太清，刘公英爽镇西城；

风云似发将军令，铃铎如传刁斗声；

捷奏江南推保障，威扬河北怯旗旌；

我来瞻拜千秋后，犹惜当时遽罢兵。

（八）美哉，花戏楼

亳州，它曾是商朝的帝都，老子的居游地，曹操的故里，华佗的家乡。这里的名胜古迹，比比皆是。筑造精巧的"花戏楼"，犹如艺术宫殿里的璀璨明珠，异彩独放。

明末清初，山西、陕西的一批富商，行贾于亳。领首的王璧、朱孔，深谙经商之道，睿眼识珍珠，看中了涡河之阴的破关帝庙，立刻筹措资金，招聘名匠，庀工鸠材，进行修复；同时增建"花戏楼"，作为"山陕会馆"和聚财金库。当时的亳州盛产牡丹花，盛演古装戏，清顺治十三年（1656）的落成之日，有识之士即以"花戏"名之。

花戏楼和关帝庙连成一体，结构谨严、和谐统一。楼占地约 1000 平方米，外观是关帝庙的庙门，三层牌坊，凌空飞架，仿木结构，砌以水磨古砖，砖墙上遍刻着立体精美的戏文，仿佛一幅硕大、永久的"戏剧海报"。中门两侧，各踞一只活灵活现的石狮子，神态逼真、栩栩如生。牌坊两旁，竖着一对蟠龙舞凤的铁铸旗杆，杆身各高 2.5 米，分别系着三层响铃，临风叮咚，恍若奏着动听的乐曲，迎送往来游客。戏楼坐南面北，两厢配以钟、鼓二楼，琉璃瓦面，画角雕梁。楼高 7 米，台面可作 20 人歌舞之用。舞台正中屏风，透雕"二龙戏珠"，上悬方匾，额曰"清歌妙舞"。出将入相处，各有"阳春""白雪"以及"想当然""莫须有"等字样。台前楹柱髹漆着一副妙趣横生的联语："一曲阳春，唤醒今古梦；两般面目，做尽忠奸情。"

戏楼的里里外外、上上下下，全部是美轮美奂的木雕、彩绘作品，共雕戏文 60 多出、彩绘图案 100 余种。舞台正北，是一连三进高大雄伟的殿堂，也遍布木雕和彩绘。大院东西侧，各有一排六间别致的"看楼"。院内砌以各式花坛，种植着名花异草，一年四季，争艳斗奇。整体建筑格局，充分体现了明清之际我国建筑艺术风格和装饰美感。游客登楼，如入花戏世界，目不暇接、美不胜收。后人有诗赞曰："楼赏花容花戏楼，天工巧夺誉神州。游人到此叹观止，无不流连醉诣麻。"

亳州花戏楼

（九）一言难尽皇藏峪

皇藏峪位于萧县东南21千米处，众山环合，卫基如城，北有远望山、南有双顶山、西有大虎山，西南的大顶山，海拔392米，为群山之首。山间林木茂密，有140多个种类，是淮北地区唯一残留的温带阔叶林带，面积3.1万多亩，森林蓄积量1230立方米，森林覆盖率59%，栖息58种鸟类和多种野生动物，为我国重要的自然保护区之一。

林海丛中的皇藏峪，原名黄桑峪。据旧志记载，早年因峪中长满黄桑而得名。相传秦始皇为压天子气而东巡，刘邦自懔，藏于黄桑峪中，其妻吕雉不期而至。人问其故，吕雉答道，刘邦所到之处，上有瑞云缭绕，故能寻至。后刘邦果然称帝，黄桑峪故改名为"皇藏峪"。另据《史记·项羽本纪》载：公元204年，刘邦袭项羽都邑彭城（今徐州），项羽率精兵3万自鲁南下，抵萧县，大破汉军，刘邦为躲追击，而藏于黄桑峪一山洞。此洞后人称为"皇藏洞"，至今尚存。洞深 6 米，一巨石掩洞门，传说洞前本来无石，刘邦躲入此洞后，自天外飞来一石，遮掩洞门，故名"飞来石"。非近前不得发现巨石后的洞口。民间还有另外一种传说，当年王莽追赶刘秀，刘秀藏身于此，故名。总之，皇藏一名由来，似与刘姓皇帝有些瓜葛，这便增加了皇藏峪神秘和传奇的色彩。

皇藏峪怀抱一寺，名瑞云寺，始建于梁武帝大同（535—546）年间，原名望云寺，因刘邦藏于峪中上有瑞云承祥，故于宋端拱二年（898）更名"瑞云寺"。寺院依山临涧，山溪环绕，叮咚流响，如琴入韵。上有古树伞盖，更觉林深寺幽。古人曾题之为"萧国福地"。历史上几经兴废。明末清初，度遇和尚开山扩充，尔后几经修建，共有殿宇 99 间、三级三院。进山门是藏经楼，楼下为斋堂，楼上藏经，原有经藏、律藏、论藏 4000 多卷。中院是大雄宝殿，塑有释迦牟尼、药师南无阿弥陀佛、十八罗汉等金身佛像。后院为方丈室，高大轩敞，左右楼阁，廊腰迁回，飞檐勾天。清末寺院衰败，经书、塑像荡然无存，殿宇大多毁坏，近年政府拨款修葺，部分建筑恢复原貌，目前仍未完工。

寺东有石似床，可卧一人，传说是度遇和尚的卧榻，并在石上圆寂，仙寿 110 岁，故称此石为"仙人床"。

皇藏峪

皇藏峪是淮北地区著名的风景区和避暑胜地。群山叠翠，峰回路转，山岚扑朔，古刹掩映，晨钟暮鼓，泉声悦耳；若三伏酷暑登临览胜，如置身清凉世界，美不胜言。古人有回文诗一首，赞道："前来翠霭积烟村，兴触诗人醉酒樽；穿涧水声琴入韵，列屏山景画留痕。泉飞带雨穿虹架，树曲盘岩抱石吞；天接路高攀步步，烟云起落碧当门。"

（十）八公山豆腐

世人尽知的"草木皆兵"，乃是淝水之战的历史故事，岂知这里还是我国豆腐发祥之地哩。

八公山位于淮南市南郊、寿县城北淝水之滨。它东西绵亘 200 多千米，大小山峰 40 余座，盆地、峡谷、湖泊错落有致，故有"三潭七十二泉"之称，著名的珍珠泉就在其中。八公山下为淮北大平原，历来盛产五谷杂粮，尤以大豆为宗。一水一豆，得天独厚，都为八公山豆腐的发明和生产提供了天然的物质条件，加之先民"淮南术"的研制，方使豆腐变为现实。

八公山

"淮南术"的始祖刘安（前179—前122），原为西汉高祖刘邦之孙，袭父爵为淮南王，国都为寿春（今寿县）。他好读书、善文辞、爱鼓琴，广招宾客方术之士数千人，其中以苏飞、李尚等八位最著名，在此著书立说、炼丹求术。今除《淮南子》外，大都散佚。与此同时，刘安还研制出八公山豆腐。

尽管《淮南子》中没有"豆腐"二字，也找不到其别名"黎祁""末其"等字样，但不等于在已散佚的著作中没有"豆腐"的记载。后来学术界考证，豆腐应始于西汉，五代谢绰首先在《宋拾遗录》中指出："豆腐之术由刘安始传于世"；明代李时珍在《本草纲目》中也说："豆腐之法，始于前汉刘安"。这些论述与1960年河南密县打虎亭发掘的一号汉墓中有豆腐作坊石刻几乎是不谋而合，如出一辙。

至今淮南民间仍流传一句"刘安做豆腐——因错而成"的歇后语。所谓"因错"，就是说他不慎将石膏或卤水落入豆汁中，而凝固成豆腐。这里所谓"因错""不慎"，可能都是偶然，无意识的，但结果却是无意中的收获——一项史无前例的人工合成食品——豆腐的诞生。这与世界上所有重要的发现和伟大的发明，几乎都有惊人的相似之处。如苏格兰人亚历山大·弗莱明就是在无意中通过"一粒灰尘的发现"，从而揭开人类使用青霉素的历史。

恩格斯曾说："就世界性的解放作用而言，摩擦生火还是超过了蒸汽机。"如果把人类从"茹毛饮血"到"炮生为熟"视为人类饮食文化第一次飞跃，那么从"燔而食之"到八公山豆腐的研制，则是人类饮食文化的第二次飞跃。

八公山豆腐，不仅经久不衰、历史悠久，而且质优味美、独树一帜。"自如纯玉，细如凝脂，鲜嫩美味，清香可口"，这是世人的赞美。烩、烧、炸、炖、煮、凉拌俱佳，若用它烧汤，便有三绝：豆腐漂浮不沉，俗称"漂汤"；汤是乳白色，人称"奶汤"；其味鲜美，喻为"人造鸡汤"。正因为八公山豆腐具有做工精细、风味独特等优点，所以久负盛名，"上为宴席佳肴，下为便民小菜"，就是佛子僧徒，也很欢迎。同时，也给世界各国人民带来福音，早在唐代"鉴真东渡，豆腐传日"，至今仍有"唐传豆腐干、淮南堂制"的字样。当今世界上豆腐系列产品已发展到1000多种，100多个国家和地区都在享用"淮南王的专利"。

为了弘扬中华饮食文化中的这一精粹，从1991年开始，淮南市每年在刘安诞生的9月15日这一天，都要举行盛大的豆腐文化节。此时，中外客人云集淮南，各种豆腐美宴让人大饱口福，丰富多彩的文化活动使人目不暇接。

（十一） 亳州木兰会

从前，每年农历四月八日，亳州都要举行"木兰会"。这天，人们抬着孝烈将军（花木兰的谥号）神像上街，有仪仗队，旌旗招展，锣鼓喧天。跟在后面的，有玩龙灯的、舞狮子的、表演武术的，尽情欢乐，十分热闹。

旧时，亳州城有两座木兰祠，一座在城东，一座在城西门城墙上敌楼旁。一座城为何盖两个"木兰祠"呢？传说北宋末年，金兵攻陷宋朝京城开封，徽、钦二帝被掳，金兵继续南下。这一天，金兵的大队人马从归德（商丘）方向下来，到了亳州东门外，金兵头目看见路旁有座庙宇，想进去休息一下。当他来到大门前，正要推门时，忽听庙里大刀环子"哗哗"直响，还有战马的嘶鸣声，他吓得向后就退，拔出腰刀高呼："里面有埋伏，里面有埋伏！"这时，金兵"呼"地一下围住庙宇，撞开了大门，谁知院里冷冷清清，没有一人。进大殿一看，只见大殿里的神台上有尊巾帼英雄塑像，巍然屹立，金盔金甲，身背弓箭、手按佩剑，十分英武。左侧站立一尊身着戎装的侍女塑像，双手抱着长杆大刀，仔细一看，那大刀上的刀环还在微微颤动着。金兵头目倒吸一口凉气，退了出来。他又见院子的廊房下，有一匹雄赳赳的泥塑桃花马，马蹄下有一片土，像是马蹄新踢起的。头目吓得浑身发颤，两腿一软，便双膝落地跪了下来，不住地叩头。这一天正是四月初八日。人们为了纪念这件事，每年四月初八，都在木兰祠举行盛大的香火会。后来，又在亳州西门的敌楼旁，又盖了一座居高临下的木兰祠。

花木兰在我国民间传说中，是一位富有传奇色彩的女英雄，她爱国孝亲、代父从军，12年后，胜利还乡，又恢复女子面目。《木兰诗》就是一首赞颂她女扮男装、代父从军的脍炙人口的乐府歌词，这位女英雄的名字，从古到今，在我国人民中间，已是家喻户晓、老少皆知。距今700多年的宋代，河南虞城县营郭镇就有了纪念花木兰的祠院。亳州的魏国村是花木兰的故里，也有木兰庙，和许多花木兰的传说不一样，说她姓魏，不姓花，这与明代人朱国桢在《涌潼小品》中的说法一致。唐代诗人杜牧曾作一首《木兰诗》："弯弓征战作男儿，梦里曾经为画眉；几度思归还把酒，拂云堆上祝明妃。"人们总是用流芳百世的英雄美人为故里增光的，一年一度的"木兰会"已经成俗而保留下来了。

（十二）展沟元宵灯会

利辛县城东南35千米的展沟集，元宵灯会已有600余年的历史。

展沟地区，襟淮衣淝，圹壤无垠，传说是姜子牙斩将封神的古战场。赵公明的3个师妹云霄、碧霄、琼霄摆下九曲黄河阵困住周兵，姜子牙久久不能破阵，曾多次惨败。为纪念赵氏姐妹的功绩，明开国皇帝朱元璋敕修泰山宫，内塑"三霄"神像。泰山宫成，庙会始兴，灯会继之。

展沟元宵灯会初为一家一户张灯结彩，庆贺元宵，继为三五成群，争奇斗艳。至民国年间，秀才侯振远取材于《封神演义》故事，参考古阵法，以《河图》《洛书》为象，以"九宫八卦"为局，以《奇门遁甲》为术，以"五行"生克为制，以周年360天为数，一日一灯，象天地，法阴阳，布成灯阵。花灯制艺有上人祖，下八仙，阐教、截教各式人物，山水名胜，花草虫鱼，风采各异。灯阵分休、生、伤、杜、景、死、惊、开8门。阵门高悬横置"黄河九曲"，楹联是："黄河九阵，曲曲弯弯，圈圈套套，总归直道；华灯八门，雪雪亮亮，明明晃晃，莫入迷途。"进入灯阵须入休门，进生门，避伤门，过杜门，走景门，逃死门，闯惊门，出开门，渺渺茫茫、萦萦绕绕，又俗称"迷魂阵"。

展沟元宵灯会

元宵节前，展沟集家家户户，扎灯制艺，各献所长，能入选参展者，俱以为荣。由于灯会历史悠久、规模庞大、风格迥异、灯展持久，招徕了远近商旅游客，口碑相传，慕名赴会者，不绝于道，灯会兴盛，带来商业的繁荣。每至盛会，方圆百里的城市集镇，商行店铺、货栈布庄，提前赴会摆摊设点，架帐搭棚，鳞次栉比，绵延数里。大江南北药材山珍，淮河两岸土产杂货，珠宝玉器，书画古玩，杂货木器，条编柳织，应有尽有；杂烩汤，枕头馍，夹馅饼，水煎包，饺子馄饨，腄汤油茶，接灶联炉。摇花儿团的，卖八大味的，抛大钢针的，鬻狗皮膏的，兜老鼠药的，打莲花落的，引吭高歌。狮子龙灯，旱船高跷，琴书坠子，拉魂说唱，魔术杂技，秧歌舞蹈，目不暇接。灯会佳景胜境，吸引众多游人——乡绅士宦、兵学农工、男公女妇、稚儿童子，扶老携幼，摩肩接踵，饱览盛况，兴尽而归。光绪三十一年（1905）和民国初年（1912）曾有山东、山西、江苏、湖北、河南五省客商，莅临灯会。

（十三） 击歌 "堰仓"

农历的二月二，龙抬头，在淮北平原还把它当节日过。

二月二的节日是从五更过起的，雄鸡三唱，天蒙蒙亮就开始"击鼓"。多半是老年人击物作歌，边敲边唱，子孙和之："二月二，敲门框，打的粮食没法放。""二月二，敲梁头，蝎子死在梁里头。""二月二，敲瓢碴，十只老鼠九只瞎；还有一只不瞎的，跪到东院老猫家，老猫逮住撕吃了。"等等。此时全家老少都沉浸在欢乐之中。据说，这种击歌起源于元末刘福通起义时，利用这种击物唱歌，糊弄官府、组织农民。

击歌罢了，就开始"堰仓"。就是将家中青灰（草木灰）拿到外面的场地上，堰上一个个大圆圈，圆圈中间分别放上一撮撮各种粮食，用青灰盖好，这自然是希望堰的仓又多又大，秋后的粮食收得多。

清早到来，各家做好煎饼，加葱花蛋，又拿出葵花子、炒豆。一群群孩子吃着煎饼、葵花子、炒豆，嬉笑着寻找自家的粮仓，比赛着各家的粮仓大小；拍手唱着："粮仓大，收粮多；粮仓圆，藏粮好。"真是其乐无穷！

天色一晚，各家又拿出珍藏月余的年货，如麻糖、欢团之类，全家坐在灯前，开始"咬蝎子"（吃剩余的年货）了。蝎子这东西委实可恶，天一热到处有，碰到你，便蜇得你黄爹爹、黑妈妈地叫唤。农民们把灾难比作蝎子，希望在年初把它"咬"去，盼望夏耘秋收时能趋福避祸。而后，点着桅灯，全家来到场地堰的仓前，放一挂爆竹。然后回家睡觉，迎接丰收的年景。

（十四） 阜阳火把节

阜阳地区广大农村，至今流行着一年一度的"火把节"。火把节是在农历八月十五日，既有祝愿消灾除病，又祈福求祥，起源于纪念刘福通领导的红巾军起义。

阜阳火把节

元朝统一中国后,元政府对其他民族在政治上镇压、在经济上掠夺,将其统治下的人民分为蒙古人、色目人、汉人和南人四等,实行种族歧视政策。最占优越地位的是蒙古人,次为色目人,再次为汉人,最后为南人,即南宋遗民。当时,阜阳称为颍州,隶属河南江北道,被元政府列为南人的范围,并进行残酷压榨。元至正十一年(1351)五月,南人不堪元廷统治者肆虐,以白莲教暗中联络,在颍州郊区起兵,以燃火为号,四邻八乡见颍州火起,纷纷举火把响应,燎原火把,逼近州城,首克颍州,继陷朱皋(今河南固始北)、罗山、真阳(今正阳)、确山等重镇。当时有童谣唱道:"满城都是火,官府四散躲,城里无一人,红军席上坐。"义军所到之处,不杀平民,不奸淫、不抢劫,开官仓济贫,队伍发展很快,沉重打击了元朝的统治。为纪念红巾军举火起义,其后不久,颍州民间每至中秋节晚上,青少年模仿红巾军,用秫秸扎成三四尺长的把子,内实麦草,到野外点燃,摇来摇去,似为信号,待燃尽始返,本地习称"撂火把子"。此俗相续600余年而不衰。

（十五）酒乡话酒俗

　　沿淮地区，盛产高果、小麦、大麦和豌豆等作物，所以代有名酒酿制，其中以古井贡酒、淮北口子、明光特曲最古最醇；今天又有大泽大曲、怀远石榴酒、萧县白葡萄酒等。人称"淮河两岸是酒乡"，并不过誉。明末相山隐士曾用"隔壁千家醉，开坛十里香"的诗句赞美"口子酒"；民间也有"酒香冲天，飞鸟闻气化风；糟粕落水，游鱼得食成龙"的赞语。这里的酒不仅历史悠久、闻名遐迩，而且还保留了许多有趣的与酒有关的习俗。

　　淮北市有句俗话说："口子高粱做，福人饮福酒。"所以这里的男女老幼，几乎都会喝一盅半杯。倒是不会喝酒的，被看作是"不正常、不近情理"。小孩子在婴儿时，父母亲便抱着上桌，用筷子蘸酒点到嘴边，慢慢地使他适应。

　　旧时的相山一带，城乡内外，酒馆遍布，店面简朴，板桌长凳。店面粉壁上写着斗大"酒"字，柜台的酒坛上贴着红纸上写"酒"字。匾上写的是"太白遗风"，或"刘伶难醒""闻香下马"等。

　　淮北人喝酒，习惯于敬酒且干脆利索；酒酣耳热时，喜欢猜拳行令。如果个人饮酒，则非常简单，或坐或蹲或站，就点花生米、卤干之类小菜，也能把酒喝了。

　　淮北人的各种习俗，几乎都离不开酒。包括四时八节，婚丧喜庆、往来应酬、亲朋聚会，真是"无酒不动""无情不酬（宾）"。单就饮酒的名目而论，则多达三四十种，如生孩子要吃"满月酒""剃头酒""百岁酒"；结亲要吃"喜酒""会亲酒""回门酒""三朝酒""闹房酒"；祝寿要吃"寿酒"；建房要吃"上梁酒""进屋酒"。各种时节要吃"年节酒""祝福酒""元宵酒""端午酒""夏至酒""重阳酒""中秋酒""送灶酒"。其他如"插秧酒""丰收酒""利市酒""开业酒""分红酒""行会酒""接风酒""饯行酒"等等。有别于其他地方的，还有"八把酒"的名堂：农民把酒话桑麻，文人把酒研诗文，工商把酒说财源，青年把酒述成长，客来把酒叙友情，邻里把酒讲和睦，夫妻把酒偕白头，老人把酒庆福寿。真是以酒交友、以酒结谊、以

143

酒叙亲，可以说是无酒没有话、无酒没有"味"了。

（十六）结婚挂门帘

在固镇、五河、宿县一带，流传着结婚新房挂门帘的习俗。就是结婚那天，新娘的嫁妆要先送到男家；然后，由新娘的弟弟和送亲的人跟着花轿再到男家去。送亲的众多人中，一眼就能看出新娘的弟弟，因为他扛个门帘。等新娘、新郎拜完天地，进入新房后，新娘的弟弟便把门帘挂在新房的门上。门帘多为彩色、红色，上绣"鸳鸯戏水"或"花好月圆"，绚丽多姿，丰富多彩，甚是热闹喜庆。

新娘弟弟挂完了门帘，男家要给一个红色的小纸包，名曰"喜钱"。里面装的钱多少，视男家经济状况，但一定是双数，意思是新婚夫妇成双成对、白头偕老。

传说这一习俗源于西汉。那时北方的匈奴活跃起来，汉王为了边境不受侵扰，并促使匈奴对汉王称臣纳贡，便采取通婚方式以达到双方亲善。后宫明妃王昭君自请北嫁，汉王十分高兴，立刻认她为义女，并为她准备了极为丰富的嫁妆：从手工业产品、五谷种子到首饰衣物、金银财宝，应有尽有，样样俱全。王昭君是个有胆略、有心计的才女，她用了整整3天的时间，把这些宫妆一一查看完毕，便对汉王说道："父王，还缺少一件东西。"汉王听了，心想，你是寡人和亲才认下的义女，按说嫁妆已经很丰富了，怎么还缺东西呢？于是便问还缺哪样。昭君说："孩儿听说草原上的房屋是个包，不比咱们京城的房子，那屋子的门一开，人在外面一眼就能看到屋里，很不方便。父王何不把宫中的门帘送给孩儿，一来遮屋挡门，为孩儿方便；二来，孩儿天天看着门帘，也就天天思念家乡了。"汉王听后，觉得很有道理，很是欢喜，便立即差人去做，并派专使护送门帘，在婚礼那天为王昭君挂在新房门上。

据说，后来唐朝文成公主西嫁藏王松赞干布时，唐王也曾令太子亲送文成公主，并在成婚当天为文成公主的新房挂上门帘。

近年来，虽然婚礼从简，门帘却仍然要挂，而且还是新娘的弟弟来挂，如果新娘没有弟弟，也要从娘家找个小男孩来挂。

（十七）蚌埠年俗

蚌埠虽然是南北融合的一座城市，但春节习俗却与大多数北方地区接近。除夕和初一是春节的高潮，旧俗很多，既不许动剪刀，也不许说不吉利的话。

蒸年馍，从农历腊月二十八开始，家家户户都要开始蒸年馍。

扫尘，年终的时候，无论贫富人家都要进行一次卫生大扫除。庭院房屋、衣物用具，都要打扫、洗刷干净，以除尘布新，名曰"扫尘"。这天易门神、贴春联，堂前设案，焚香点烛，鸣放鞭炮，把吃的菜肴食品供于堂前，敬天地、祭祖宗。

封井，晚饭前，各家都要焚香、放炮，以敬"井神"，谓"封井"。

团圆饭，除夕晚上，家家团圆，大家围坐在一起吃团圆饭，晚上还要吃鱼，意思是"年年有余"。

压岁钱，饭后，长辈向晚辈发放压岁钱，祝贺他们又增一岁。

守岁，这晚，照例不睡觉，叫作"守岁"。一家人笑语喧阗，喜上眉梢，欢腾室内，小孩子们则在室外放鞭炮。夜半子时，合家坐到一起吃"更岁饺子"，即开始了新的一年。

接年，农历正月初一，是蚌埠最盛大的节日。这天五更焚香，鸣放鞭炮，以示新年的到来，这叫"接年"，又曰"迎春"。早饭吃扁食（水饺）、汤圆（元宵）。

拜年，饭后合家幼小向长辈拜年，平辈之间互拜，然后到亲族邻里家去拜贺。主人用烟茶、糖果等招待。邻里、亲友见面互祝"恭喜发财""新年如意"等吉祥话。年初一妇女不准动刀剪，否则对长辈、对家不利。也不许泼水、扫地，不然就把财神爷冲撞跑了。

送"旬头"，初二开始，乡村里出嫁的闺女要给年老的父母送"旬头"。就是按照父母的年龄包相等数的水饺，也可多几个，以便在送"旬头"的路上过塘沟、桥涵时丢一个水饺，名为"垫缺"。意为父母遇到坑坑洼洼（病、灾等）就过去了，可以免灾免祸，这里包含着子女对生活于坎坷岁月的父母的美好祝愿。另外，送一条鲤鱼，或者一块猪肉，有"六十六"吃块肉、"七十三"吃条鲤鱼猛一蹿之说。

年初五一般不准出门拜年，全家团聚，俗称"小年"。

庙会和花会，春节期间，另一番盛况就是庙会和民间组织的各种花会。春节期间，大小庙宇均向香客、游人开放。在庙内及门前设有集市，称作庙会。郊区的花会在春节期间最为活跃，几乎村村都有，花会表演的项目繁多，有高跷、旱船、太平鼓、地秧歌、幡会、狮子、小车、竹马等。有些村子还要搭上大棚，悬灯结彩，表演各种节目。喜气洋洋的气氛将大家的心暖在了一起，预示美好的一年也从这时开始。

（十八）利辛婚嫁

在安徽亳州市利辛县，当地婚嫁民俗很多，有"三里不同俗，十里改规矩"之说。但再简单的婚嫁也少不了以下几条风俗。

（1）提亲。男大当婚、女大当嫁，这是几千年来的婚嫁风俗，天上无云不下雨，地上无媒不成婚。男女结婚受到"媒妁之言，父母之命"的制约。男孩一般到了十五六岁，家人就忙着托媒人提亲。一家有女百家提，哪家女孩提亲的多，就说明该家女方的家庭殷实，女孩子的人品、相貌姣好。媒婆说媒一般衡量门当户对，感觉到两家比较合适，便向女方家庭开口提亲。

（2）见面。经媒婆介绍后，征求男女双方父母意见，择个吉日，约定好时间、地点，让两家的男、女孩子见面相识（一般在街头巷尾、饭店、亲戚朋友家见面）。媒婆大多都是能言善道的，特别会察言观色，觉得男女双方比较合适，就让男方主动拿出"见面礼"。"见面礼"的数额随着时代的发展而倍增（现在一般见面礼在 4000 元到 6000 元）。如果女方接受了男方的见面礼，就说明这门亲事十有八九能成。

（3）定亲。男女双方经过一段时间的了解，觉得这门亲事可以认定，就由媒人出面商量定亲事宜。定亲在当地是很注重礼节的，媒人带着男方准备好的"四首礼"（金银首饰、礼金、酒、猪肉）到女方家中去定亲，女方家盛情招待诸位贵客人，这两家男女婚姻大事就算定下了。

（4）婚嫁。谈婚论嫁是当地人们最隆重的一件大喜事。男方一定要提前盖好结婚的新房。结婚的新房由原来的草房发展到现在的楼房。迎娶新娘的礼节繁多。男方给女方家的"四首礼"是一定要带的，外加封"一万零一元"的红包，这叫"万里挑一"，要不然，娘家人会说三道四的，弄得娘、婆两家不愉快。

男方迎娶新娘时一定有"迎轿鸡"（公鸡）。女方出嫁时送一只跟轿鸡（母鸡）。女方出嫁按男女双方的生辰八字定时辰，拜堂不能超过上午12点。陪送女儿的嫁妆一定要有被子，一般的家庭也要陪送四至八床被子，是让女儿家辈辈富裕。

（5）仪式。新娘下轿（车）后，婆婆封"下轿礼"，主持人宣布婚礼开始：一拜天地；二拜高堂；夫妻对拜；进入洞房。礼仪完毕，闹洞房的人们蜂拥而进，"三天不分大小，三天不分老少"是当地闹洞房的习俗。人们向新郎、新娘要喜烟、喜糖，叫新郎、新娘咬苹果、喝交杯酒，整个新房里欢天喜地热闹非凡，还有调皮的小伙子对新郎、新娘调侃的，弄得新郎、新娘哭笑不得……紧接着"撒床"的大娘提着篮子来到新房，一边"撒床"一边唱着顺口溜："一把栗子一把枣，撒得小孩满地跑；一把花生一把糖，撒得小孩睡满床。"此时，无论男女老少，都乐呵呵地抢着撒在地上、床上的花生、糖果、红枣和栗子。据说吃了喜糖和喜果老人能长寿，孩子更聪明、更健康。"撒床"的风俗一直延续至今，富有新婚男女婚后多子多福的美好寓意。

仪式结束后，新郎家大摆筵席招待亲朋好友，送新娘的"送客"一定要备单房间，坐上位，找本村最有威望的人陪坐。新郎、新娘还要亲自给客人恭敬喜酒。喜宴结束后，"送客"到新房向新郎新娘道别并安排"三天瞧，六天接"等回门事宜。送客返回到女方娘家后，向女方家长讲述男方家庭举办婚礼的盛况以及相关事宜。一场隆重的婚礼在热烈欢庆的气氛中圆满结束，两个有情人终成眷属！

（十九）皖北拉魂腔

泗州戏的旧称，又称柳琴戏。据徐州方志载：早年这种地方戏，人们叫它为"肘古子"，后来又改名为"拉魂腔"。

拉魂腔起源于清代乾隆年间，距今约有 200 多年历史。据传与江苏、山东的柳戏同出一源，从声腔、流派传承上及其艺术形成与发展上看，是近现代流传于淮北一带的知名剧种"泗州戏"（因古时候淮海地区是有名的泗州城地界）的前身。在徐州以东的苏鲁一带又叫作"柳琴戏"（由于该戏一种主要伴奏乐器为"柳琴"而得名），主要在泗州（治今泗县）地区，新中国成立后为体现剧种的地方特色，故改名泗州戏。流行于淮河以北以徐州为中心的苏、鲁、豫、皖接壤地区，具体说，就是临沂、枣庄、郯城、苍山、滕州、徐州、砀山、萧县、邳州、新沂、东海、赣榆、连云港、泗洪、宿州、蒙城、寿县、灵璧、凤阳、阜南、霍邱、桐城、安庆一带。因地处苏鲁豫皖南北交汇之地，地理、文化、风土、人情的交错融合，这一剧种便自然既有了南音的柔美低回，又有了北音的粗犷旷然。

因那拉魂动魄之处极为使人念想，这一剧种便因此有了一个最初的名称——"拉魂腔"。它以丰富的花腔和独有的拖腔翻高，有别于其他剧种，感染力极强。这里至今还流传着"拉魂腔一来，跑掉了绣鞋，拉魂腔一走，睡倒了十九"的民谚，足见这个剧种在民间受欢迎的程度。它从音乐伴奏、锣鼓点子到唱腔表演，都是十分地让人们"着迷"，只要小锣子一响、琴声一起真的就能够把人们的"魂"给勾拉了过去。可见当地老百姓对"她"的痴迷程度！至于当初为何给它取名为"拉魂腔"，在民间还有着一段十分有趣和精彩的故事呢！

在湖东区的一个小村子里，每家大小人等全都喜爱听"拉魂腔"。每当晚黑到来，不管哪村唱戏，村里家家户户都要抢着去听戏。有这么一天，刚过门一年多的小大嫂在家吃过晚饭，便忙着让她的丈夫"老戏迷"赶紧先去到戏场子里找好座位抢先占上。然后小大嫂急忙收拾锅灶，又去喂过了猪、忙完一些琐碎活计之后，便急急忙忙从床上抱起刚出月子的小宝宝也随后赶到戏场子里，锣鼓一响，琴声缭绕，唱段开始啦！全家人听戏看景，一时间玩得十分开心。又有一天，小大嫂的丈夫出远门做买卖了，小大嫂又听说邻村来了戏班子，各家各户都早早地吃过晚饭赶往戏场子听戏去了。一时间她还不停地在家里忙活着。只听见邻村村头不时传来小锣子、大鼓钹喧闹的声响，家里的活还有一大堆，小儿子又在哭闹。她实在急坏了，于是便一手抱起在床头睡觉的孩子，另一只手拿起个小板凳，一阵小跑抄近路赶去听戏了。到了戏场听了一阵子，她看到别人家的小孩在哭闹，只当自己的小儿子也在哭呢，便急忙掏出奶头子给孩子喂奶，刚想放到小孩嘴里，哎！这才发现自己怀里抱的根本不是一个小孩，而是一个长把大南瓜！这戏哪能再听下去呢！家里的小孩还不知哭成啥样呢？万一滚下床来该怎么办呢？！她立刻赶忙往家里跑。小大嫂怎么会抱了个南瓜来听戏呢？原来她在晚饭后听到小锣子、大鼓钹一响开，柳琴阵阵奏起——这个"戏"就把她的"魂"给勾拉到戏场子里来了。谁承想，她慌里慌张抱起孩子抄近路走人家的南瓜地赶去听戏，一下子就被南瓜秧绊栽倒了，又急忙爬起来抱起一个再跑，谁知，抱错啦！当她在戏场子里发现自己抱的是个长把南瓜时，便急忙顺着原路到南瓜地里去找小孩，来到那棵绊断的南瓜秧子前一看，小孩不知哪去了！再仔细找找，她竟然发现一个她们家床头上的大枕头！她急忙丢下南瓜，抱起枕头一阵小跑赶回家里。打开门到床前一看，咳！小孩儿还乖乖地在床上呼呼睡觉呢！

这个故事在乡间被活灵活现地传来传去，因小大嫂听戏情结的"痴迷与丢魂"就给这个戏起了个名字叫"拉魂腔"（又有人叫这种戏为"绊倒小大嫂"）。

一方水土养一方人。世世代代居住在这里的人们，连目不识丁的人也能一套一套地唱拉魂腔。有了拉魂腔，生活便变得有滋有味。高兴时唱快板，把五脏六腑都荡涤得干干净净；悲苦时，唱慢板，那撕心裂肺的情调便抚平了心中痛苦的皱纹。

每到农闲的夜里，村里传来几声锣响，戏便开场了。一片空地，一座寺庙，就成了古今真乐府、天地大梨园。每一村、每一地，都有自己的绝对权

149

皖北拉魂腔

威。权威一出场，整个戏场立即鸦雀无声。吹、拉、弹、唱、翻、打、念，提袍甩袖，吹胡子瞪眼睛，一套功夫，十分娴熟。唱到动人之处，人人啧啧赞叹。还有献殷勤的则提着水壶、拿着茶杯，不断地给演员们敬茶。上了年纪的老大爷老大娘或慢慢地扇着芭蕉扇，或津津有味地抽着香烟，慢慢将唱腔品赏。一声叫板，便可以使他们坠入艺术之宫，"听了拉魂腔，啥肉酒不香"，他们自是体会得最深。月在西天，戏毕人散，心满意足地回家敲门去了。在乡党们眼里，这个人生的世界，就是拉魂腔的舞台，人只有在舞台上，生、末、旦、净、丑，才各显了真性，恶的夸张其丑，善的凸显其美，善使他们获得了美的教育，恶的也使丑化作了美的艺术。农村的人们每每在戏中认定"好有好报，恶有恶报"的人生结局，聊以自慰，也以此慰人，虽然这"精神食粮"有时还有骗人的毒素，他们也乐意喝下这杯酒。"人生如戏，戏如人生"，纯朴的乡人并没有接受多少教育，但是他们在戏台上接受伦理纲常，在戏台下感受悲欢离合，戏台就是他们的学堂。

（二十）砀山斗羊

砀山县位于安徽省最北端，属于宿州市管辖，素有"世界梨都"美誉。是皖、苏、鲁、豫四省七县交界处，县城东距历史名城徐州市 84 千米，西接古都商丘市 72 千米，芒砀山雄峙于前，黄河襟带于后，古为汴京齿唇、徐淮门户，素有九州通衢、天下要冲之称。

砀山之名来源于芒砀山，历史多与芒砀山相关。夏分九州，砀属豫州之域；西周初期属宋，为砀邑。秦设 36 郡，砀郡为其一，隋开皇十八年改为砀山县。

这里有唐朝大诗人李白泛舟觞咏的宴嬉台，有轮奂辉煌的清真寺，有"三省庄""三省井"。更有每年的梨花观赏活动中新开辟的梨花观赏新景点——"乌龙披雪""鳌头观海""瑶池烟霞""武陵胜境""贡梨园""故黄映雪""古渡晓月"等，吸引了众多的海内外宾朋，年年来梨都觅古览胜。

每年春和景明时节，砀山大地万物复苏，故黄涨绿，数十万亩梨花吐蕊绽蕾，竞相盛开。放眼环顾，全县雪堆云涌，银波琼浪，沃野千顷，一片花海，景象蔚为壮观。到八月中秋，遍地金珠坠地，砀山又是果的世界。50 万亩酥梨硕果累累，20 万亩苹果压弯枝头，田间地头又成了果山果海。

每逢春季梨花节及中秋收获之时，砀山的传统习俗斗羊比赛随之开展。历史上的黄河多次泛滥改造，在砀山北部留下了一条长达 62 千米的故河道。故黄两岸百姓喜爱习武，这里的鸡、羊也爱争斗。从周代开始，古砀郡就盛行斗牛、斗鸡、斗蛐蛐、斗马、斗鸭、斗鹅、斗鹌鹑、斗狗、斗画眉。到了西汉斗羊赛脱颖而出，并风靡三国时代，历经三千年不衰，比著名的突尼斯迦太基古城斗羊比赛还早二千年。

达官贵人和平民百姓都喜斗羊而乐此不疲，久而久之，已成为人们祈求风调雨顺、人丁无灾的一种民俗活动。在《唐书·艺文志》一书中，唐代丝织工艺家、画家窦师纶就在内库画本《斗羊》中画出黄河故道斗羊时那章彩奇丽的壮观场景。

　　"斗羊"是黄河故道地区特有的羊种,羊种叫作"小尾寒羊",生性好斗,永不言败,体重可达200斤左右。

　　当地还成立了"斗羊"协会,并逐渐发展成一项有组织、有规则的传统文化娱乐活动。为争夺"羊王"头衔,主人们从选种、驯养,到竞赛规则都十分讲究。比赛时根据羊的齿龄(牙口)来分等级配对进行角逐,其比赛形式分自由斗、领斗和挑斗。其中领斗在斗羊比赛中最为激烈,赛前主人们进行有计划的遛羊、圈羊、封羊等准备活动。比赛开始,主人一声号令,斗羊在主人的牵引下奋勇出战。只见两只斗羊头、脚、身、蹄齐上阵,翻、滚、爬、打、顶、踢,混战沙场,正可谓:羊相百出,精彩纷呈。"其实,我们斗羊是作为一种娱乐,很多时候挣的钱还不够花费的,不过我们从中得到很多乐趣。"斗羊爱好者史为祥这样介绍道。据不完全统计,目前砀山斗羊爱好者已达80多人,他们经常在一起交流、切磋。

砀山斗羊

　　斗羊既是传统的娱乐活动,更是优良品种交流、展示的平台。斗羊比赛的"角斗士"都为公羊种羊,比赛既给观众以愉悦,又是优良品种的推介。胜利者说客满门,"妻妾成群",后代兴旺。为此,种羊专业户都热衷于斗羊比赛，每逢赛事，"角斗士"都会受到主人特殊的呵护和宠爱，赛场上它们勇猛善战给主人以回报。

除了斗羊外，砀山由于历史悠久，民俗文化运动繁富。几千年的历史孕育出多彩的梨乡民俗文化：异彩纷呈的绘画、刻字、剪纸等民间艺术，精美绝伦的印花布、柳条、蒲苇制品等民间工艺，曲调悠扬的四平调、琴书、唢呐等民间曲艺，赏心悦目的高跷、竹马旱船、舞龙灯等民俗表演，热闹非凡的斗鸡、斗鹌鹑等民间竞技，矫健刚劲的拳术、器械等武术表演，洋溢着浓郁的砀山韵味、梨都风情。

（二十一）利辛猴戏

猴戏在中国已有悠久历史，最迟于唐朝已经出现。古代汉族人民把猴子视为马的守护神，常于马厩内养猴子以留住马匹，并让猴子表演猴戏作祭祀之用，因此猴子又有"马骝"的别称，此名称至今仍保留在粤语中。

汉代画像石中百戏图里有猴戏形象，可知我国驯猴做戏的历史甚早。《燕京岁时记》："要猴儿者，木箱之内藏有羽帽乌纱，猴手自启箱，戴而坐之，俨如官之排衙。猴人口唱俚歌，抑扬可听。古称沐猴而冠，殆指此也。其余扶犁跑马，均能听人指挥。扶犁者，以犬代牛；跑马者，以羊易马也。"

当代中国只有两个地方有人以要猴为生，一个是安徽利辛县，一个是河南的新野县。利辛县猴戏多集中在胡集、阚疃、展沟、大李集一带，以胡集为最多。

利辛县位于安徽省西北部，有着100多年的养猴历史，人们养猴、驯猴、要猴，走遍全国各地，创作了独具利辛特色的猴戏。1988年前后，仅阚疃、胡集、展沟一带，就有要猴艺人近3000人、艺猴1500只。改革开放以来，在全国各地的城市和集镇，无不留下利辛要猴人的踪迹。

利辛猴戏始于清朝光绪年间。那一时期的皖北地区，刚刚经过太平天国战争和捻军革命，灾难深重、民不聊生。阚疃集南程小楼灾民逃荒到河南省唐河县，跟人学要猴，后来带回一只怀孕的母猴，从此猴戏在胡集繁衍开来，并逐渐向周边扩散。没有饭吃的农民，牵着猴子走村窜乡、四处乞讨，正如猴戏歌所唱："锣鼓一打圆周周，哪方收粮往那悠。南乡收了吃大米，北乡收了喝糊粥。南乡北乡都不收，沙河两岸度春秋。"

耍猴人每年都像候鸟一样南北迁徙。每到6月麦收后和10月秋收后，大批耍猴人忙完了地里的农活，就开始外出耍猴，卖艺赚钱。冬天，他们牵着猴子去温暖的南方；夏天，他们带着猴子赶往凉爽的北方，这些农村里出来的耍猴艺人在中国各省云游。

玩猴艺人一副扁担两个箱，足迹遍及祖国的大江南北。他们每到一处，放下挑子，不用搭台，只需在一块空场上，拽住猴绳子，扬起手中的小扎鞭，用嘴那么一吆喝，便和这小精灵同台演出了。你看这小毛猴戴上假面具、穿上小戏服，模仿着人们的举止行动，爬杆、担水、骑车、犁地、走钢丝、打篮球，要多像有多像，实在是滑稽。

利辛猴戏

"猴戏"有正、杂戏之分，这以猴演员是否戴面具为依据。若要演正戏，行话叫作"啃脸子"。猴演员就要口衔代表不同角色的小面具，身穿相应的小戏服，饰演"包公""杨六郎""岳飞""关公""马五""黄忠""齐天大圣"

"花姑娘"等8至16个角色。杂戏就是"玩老杆""撑旱船""狗猴犁地"等10余个不衔面具的节目。

"猴戏"有文、武戏之别。像演"包拯",猴演员嘴噙"包拯"的小面具遮住脸部,通过面具"眼"部的两个小孔向外观看。头戴乌纱帽,身穿黑蟒袍,手持象牙笏板,在猴戏艺人的唱腔中,昂首挺胸,迈着八字步,往来走动,活脱脱一个刚正不阿疾恶如仇的护法忠臣形象。若演武将,则头戴上插野鸡翎的帽子,穿上背插小旗的铠甲,手握长矛或大刀,两军对垒,刀来枪往,上下翻飞,难分难解,让人觉得真不愧为誓保疆场的英雄。

利辛猴戏发展几经兴衰,"文革"中处于低潮,改革开放后再度复温,八十年代中后期达到顶峰。在全国大陆许多的城市和集镇,无不留下利辛耍猴人的踪迹。胡集镇的张长营、龙湾、窝刘庄、刘凤庄、李圩等庄成为养猴驯猴专业村。赵万里、陈秀清、郑永河、李顺成等驯猴专业户,训出的艺猴演技堪称全国一流。近几年来,由于诸多原因,利辛专业耍猴人日渐减少。但是,当地庙会及集市上仍能看到一些艺猴的精彩表演。目前利辛县胡集镇充分挖掘农村民间文化资源,弘扬、发展具有地方特色的猴戏等民间文化,该镇成立了猴戏驯养基地,每年定期组织举办猴王争霸赛等猴戏杂技表演比赛,鼓励村民传承这一绝技,以将其名扬四海。

（二十二）涡河岸边蒸灯窝

涡河,是淮河中游左岸一条支流,淮河第二大支流,淮北平原区主要河道,呈西北东南走向。发源于河南省尉氏县,东南流经开封、通许、扶沟、太康、鹿邑和安徽省亳州、涡阳、蒙城,于蚌埠市怀远县城附近注入淮河。涡河历来是豫、皖间水运要道。

涡水之北为涡阳。早在1500多年前,北魏于今涡阳县城东南约90里,蒙城县城正北涡河北岸5里处,按"水北为阳"之例,始设涡阳郡,为汉山桑地,属谯州。

作为安徽历史文化名城,涡阳境内有道教祖庭天静宫、道源国家湿地公园、店集镇柘王宫遗址、东岳庙、东太清宫、尹喜墓、张乐行故居、陈抟卧迹等文物古迹。是国务院批准的对外开放市县、安徽历史文化名城、安徽科学发展先进县、安徽省直管县、安徽经济十强县、中国贡菜之乡、全国税费改革试点县，有"梁宋陈楚之冲，齐鲁汴洛之道"之称，为商贾往来之所、兵家必争之地。

这里的传统民俗也很多，北方作物以小麦为主，人们喜吃面食，年年到了正月十五这一天，家家都有蒸灯窝的习俗。

涡河岸边蒸灯窝

灯窝形似馒头，只是那馒头顶不是向上，而是向下洼成个窝，窝内倒上油就可以点灯，不倒油还可以留着吃，人们把它叫作灯窝。其做法很简单，通常用麦面和黄豆面和在一起，揉成面团，捏成窝窝，蒸熟即成。晚上点灯时，灯窝里插上灯芯，倒上植物油即可点亮。这种窝灯或者称为面灯，种类很多，主要的有"属相灯"，如虎灯、兔灯等，充分发挥了民间工艺美术的技巧，个个栩栩如生。另外还有祝福灯、钱龙灯、仓龙灯、草垛灯……以祝愿五谷丰登。

所蒸面灯，都在元宵节晚上点燃。先点"属相灯"，人手一盏，相互祝福；再点带座的窝灯，分别放在门旁；草垛灯、仓龙灯、钱龙灯则分别放在牲畜圈、粮仓和钱柜上。这样，室内室外灯火通明。孩子们手捧生肖灯，乐得跑东跑西比高低；老年人端着窝灯，照遍里里外外，据说这样一照，就不会受蝎子蜇、虫子咬了。老奶奶还逐一查"灯花"，如果灯花大，就预兆棉花丰收。居丧守孝的人家不蒸灯，可由亲邻送灯，以表慰问之情。

蒸面灯也是一种可口的主食，有的人家所蒸的灯可以吃到二月二龙头节。

蒸灯窝的习俗是来源于一个传说。相传在战国时期有这么两个兄弟，哥哥叫柳下跖，弟弟叫柳下惠。柳下跖是个粗人，不通文墨，性如烈火，爱替百姓说话、打抱不平。柳下惠则是个斯文人，处处讲仁义道德，不近女色、坐怀不乱，实际上是个伪君子。

战国时群雄并起，社会动荡不安，一些官僚财主乘人之危，鱼肉百姓；一些农民食不果腹、衣不蔽体，生活在刀尖火海之中。柳下跖就号召农民起来造反，杀官劫库，把抢来的粮食和衣物分给穷人吃用，掀起了中国历史上第一次农民大革命，然而当时的孔老夫子却站在统治阶级一边，骂柳下跖为"盗跖"。

凡间的事却惊动了天宫的玉皇大帝，玉皇听说柳下跖造反，就派火神祝融下凡烧死柳下跖，祝融虽然性情暴躁，可他是张飞绣花——粗中有细。就拿这次玉帝派他烧死柳下跖一事来说，他却多长了一个心眼，决定先调查调查，看看柳下跖究竟是个什么样的人！

这一日，祝融来到人间，摇身一变，变成了一个普通的老百姓。他每到一处，每访问一个农民，都说柳下跖是个好人。农民们说："那些贪官恶霸，依仗权势，掠夺百姓的血汗，他们吃的是鸡鱼肉蛋、穿的是绫罗绸缎，堆成山的粮食总是用不尽吃不完；而我们种田人成天累弯了脊梁，住的房子顶露天，吃的尽是糠菜团，穿的总是破衣衫，这世界上哪有什么公平！柳下跖不过是领着我们大家夺回被他们侵吞去的粮食再分给穷人，他有什么错？"

祝融听老百姓这么一说，觉得大家说得有理，祝融说：柳下跖是财主恨他、穷人爱他，当官的反对他、老百姓拥护他的人，这样的人如果被火烧死了太可惜。

经过深思熟虑之后，祝融又来到了百姓中间，他说："不瞒你们说，我是天上的火神，玉帝命我在正月十五这天晚上架火烧死柳下跖。"百姓们一听，既惊恐，又愤怒，大家都在想办法来营救柳下跖。火神说："经过我的调查，柳下跖确实是个好人，我也不想烧死他，只是玉帝那边怎么交代过去呢？只要你们能想出好办法，瞒过玉帝就行。"农民中有一个聪明人想了想说："我有一个办法你看行不行？到了那天晚上，咱们家的里里外外都放上灯，咱们每人都拿着两盏灯，在屋里屋外，出出进进。另外还叫小孩子在外面打灯笼，撂火把，刺花、放炮，形成火光烛天的样子，你看这样行不行？"火神说："行是行，你们一定要说到做到，不然我就会受到玉帝的惩罚！"百姓们说："你请放心吧，我们这就去准备！"

话是这么说，可是老百姓家哪有这么多灯呢？这时，那个聪明人又想出了用面蒸灯窝的办法来。一传十、十传百，正月十五这天，家家都蒸了许许多多多的面灯窝来。人们在灯窝内倒上油，放上捻子，点着火，便成了一盏盏的明灯。到了晚上，家家都一齐点上了灯，并出出进进，孩子们也在外边打灯笼，撂火把，刺花、放炮，使整个大地变成了一片灯的火海，叫喊声也冲震凌霄。这时，火神上殿禀报："启奏玉帝，柳下跖已被我用火烧死了。"玉帝听禀后，驾云出了南天门，拨开云头向下一看，啊呀，只见地上一片火海，火苗窜动，人声鼎沸，喜得他哈哈大笑，说："烧得好，烧得好！"从此，玉帝就不再追究柳下跖的事了。

也就从那时起，正月十五蒸灯窝、打灯笼、撂火把的风俗，便在涡阳民间传开了。

（二十三）亳州大班会

"亳州大班会"又称"拉秦桧""鬼会"，是一种罕见的民间舞蹈，它十分精彩奇特，因有剧情发展，类似折子戏，说它像舞剧也无不妥。每逢正月十五大班会演出，演员们身着戏剧服装，脸画油彩，牛头、马面、黑白无常、判官、小鬼，纷纷登场，闹闹嚷嚷。

亳州大班会共分五场十三小场，第一场"大登殿"，第二场"阴差搬

亳州大班会

兵"，第三场"秦相府"，第四场"二登殿"，第五场"过奈河桥"。角色分别有鬼头（又称钟馗）、牵板鬼、黑白无常（又称黑鸡、白鸡）、阴差二百钱、花鬼、大妈妈、醉鬼、土地神、牛头马面、钗鬼、土地神等。

大班会中的主要人物是通过典型的、性格化的舞蹈动作，刻画出鲜明的人物形象。判官，运用"鹰爪指""抱剑""刺剑""分须""端带""跳转身"等动作和舞姿，塑造出一个威严、果敢、正气凛然的形象。秦桧，则使用"抱镣""转柳""蹲式""跪式"等，刻画出一个负罪人的惊恐不安、受到正义威慑的惧怕形态。签板即"公差"，则多用武术和戏曲技巧，表现出机智、灵活的捕快形象。

舞蹈中有一角色叫"二百钱"，他在判官那里领得捉拿秦桧的火签，但他害怕秦桧的权势，不敢前去捉拿，便求助于黑白无常和游荡鬼，但这些小鬼也害怕秦桧。"二百钱"便给他们每人二百钱收买他们。这反映出秦桧位高势大，连鬼都怕；同时也透过鬼与鬼之间的行为，讽刺当时官场贪污行贿的现象。

据传说，乾隆年间，亳州有位知州，名叫余汉，他善恶分明、疾恶如仇，特别崇敬岳飞、痛恨秦桧，爱读《岳飞传》。每读到秦桧谋杀岳飞时，便怒发冲冠，令衙役捉拿秦桧，这可把班房里的老班头难坏了，如此三番，折磨得老班头无计可施。老班头最终想出一计，叫众衙役扮演群鬼，秦桧由囚犯扮演，以此来治知州大老爷的魔病。

一天晚上，知州又发病了，大叫捉拿秦桧。老班头叫众衙役立即扮成牛头、马面、黑白无常、判官、小鬼，边跳边舞，用链子锁住了"秦桧"，知州见捉到秦桧，便令拉出斩首。老班头慌忙解释，这是在"过阴"，我等是地狱阴差，捉拿到的是秦桧鬼魂，应由阴官判罪，要送城隍庙交城隍爷，这才骗过知州，于是大堂上铁索哗哗作响，众"鬼"各张架势，拉走"秦桧"。一路上扮鬼的众衙役很开心，学着鬼模鬼样，拉着"秦桧"欢蹦乱跳，折腾一夜。事后他们觉得这场游戏挺有趣，便不断完善，又配以锣鼓、长笛、旌旗等道具乐器，形成了一种戏。后来民间也争相习演，竟一直延续至今。原名为"鬼会"，又称"拉秦桧"；后因忌讳"鬼"字，又因是由班房传出的，且有众多演员表演，便易名为"大班会"。

大班会虽然形式上具有较浓厚的因果报应色彩，但集中地表达了人们惩恶扬善的心愿，是一种独具当地特色的民间哑舞剧。

（二十四）正阳关"三阁"

在位于皖西北的寿县，有一座具有2500多年历史的古镇，人称正阳关。此关系中华名关之一，古称颍尾、颍口、阳石、羊市、羊石城等，早在东周中期已具雏形。《左传》鲁昭公十二年（前530）有"楚子狩于州来，次于颍尾"的记载；又据明嘉靖二十九年（1550）出版的《寿州志》载："东正阳镇，州南六十里，古名羊市，汉昭烈筑城屯兵于此。"

正阳关地处淮河、颍河、淠河三水交汇处，地理位置优越，自古就是淮河中游重要货物集散地，明成化元年（1465）朝廷在此设立收钞大关，年征税银达62400多两，有"银正阳"之称，"正阳关"即因此得名。

正阳关民间艺术源远流长，形式多种多样，抬阁、肘阁等民间艺术于2006年12月被省政府列入全省第一批省级非物质文化遗产名录。

　　据当地人介绍，抬阁的最初兴起，是由于古人意在消除水患的一种迷信行为而来。当时，中原地带，黄河水年年泛滥，为了减少水患，人们每年都要在河边进行祭祀活动。据说起初要将童男童女送入河里以慰河神，后来发展为用一些泥做的、身上涂满各种彩色的小人投入河中以代替真人。而为"迷惑"河神，人们在投下泥人之前将他们高高举行，边抬边唱，使其真假难辨。这种祭祀仪式，逐渐衍生出抬阁的民俗活动。

正阳关"三阁"表演

抬阁何时传入正阳关，至今已无确切年代可考，清朝中期，抬阁在正阳关的发展已达到鼎盛，当时每逢集会或是庙会，都会有规模不等的抬阁表演，这一民俗遍及城乡，青壮年男人基本上都会"来两手"。

随着时代的发展，抬阁的表演形式越来越娱乐化，形式也多彩多样，由单一的抬阁变成抬阁、肘阁和穿心阁三种，而抬者所唱的歌曲也逐渐被锣鼓声所取代，而且，人们所抬的不再是泥人，而是由真正的小孩子扮演成各种人物形象，表演的内容丰富多彩。

抬阁，原名"抬歌"，有边抬边唱之意，以其体量的大小和人物的多少，有大（6至8人抬）、中（4人抬）、小（2人抬）之分。"大抬阁"一般由6至8个青壮年抬着表演，6人抬阁，1人在前指挥，1人在后护卫。表演者身着彩衣，在乐队的伴奏下缓缓而行，被抬的小演员按不同人物造型化妆后，身着戏服，或坐或站在扎制的阁楼、凉亭、花轿内或一丈多高的莲花台上，根据人物形象的不同表演相应的动作。经常表演的节目有：《群仙赴羊石》《观音赐福》《荷花仙子》《朝天一炷香》《梁祝》《红线盗盒》等。由于大抬阁对抬阁者的体力和耐力要求较高，一般由青壮年进行，而且由于规模较为宏大，非大活动难以发起，因此，现在的抬阁表演基本上以小抬阁为主。

肘阁表演，一般由一些身强体壮的大汉俗称罗汉和一些六七岁的小男孩、小女孩组成。罗汉身着铁架子，艺人们称作"铁领衣"，即把铁架捆绑在腰背上，并从背部引出一根1～3米长的弯曲铁棍（因其弯曲似臂肘，故曰肘阁），弯曲铁杆（俗称芯子）通过套管连接着另一个铁架，铁架一般做成断桥、雨伞、楼阁、假山等形状，并在铁架上扎上一些彩花，罗汉们身着罗汉衫，用铁棍顶着铁架上的小演员。铁架上有一个小演员的叫一棚肘阁，有两个小演员的叫两棚肘阁，有三个小演员的叫三棚肘阁。

肘阁表演的内容基本讲述的是戏曲中的人物故事，顶人的罗汉表演需要高超的技巧，不仅要有力量，还要有掌握重心和平衡的能力。肘阁表演开始，笙、箫、笛、管齐鸣，顶人罗汉按一定的步伐节奏边走边扭，铁架上的小演员则按剧中人物化妆并着戏衣，比如《红楼梦》《西游记》《白蛇传》《打渔杀家》《西厢记》《牛郎织女》，站在空中，或站在伞边上，或坐在椅子上，或站在扎制的断桥上，小演员们根据剧情的发展，随着罗汉的步伐，在空中边摇边摆，做出不同的造型和动作。整个场面活泼惊险诙谐，具有很高的观赏性和艺术性，有"空中舞蹈"之誉。

穿心阁，其实就是小抬阁的一种，由两个青壮小伙身背铁件，高约两三米，用一根特制的竹竿（"穿心杆"）抬着一个小演员进行表演。小演员扮成戏剧舞台上的"七品芝麻官""媒婆"等丑角，竹竿看似从小演员正心窝"穿过"，十分巧妙和惊险。常演的节目有《刘二姐赶会》《哑女告状》《盗仙草》等。

新中国成立后，正阳关抬阁表演日渐式微，"文革"期间甚至销声匿迹，直到"文革"结束后，到20世纪80年代初期，才又恢复表演。2000年10月，由民间艺人熊启明、赵德兵、赵勇、吴守林、杨金玉、熊德龙、沙孝龙等人发起，陈家礼、杨志祥、夏家胜、赵立富等150多名爱好民间艺术的群众自发组成民间艺术团。以后每逢重大喜庆节日，特别是每年的正阳关农历二月十九和九月初九玄帝庙会期间，正阳关的民间艺人，为增加节日的喜庆气氛，便纷纷上演抬阁、肘阁表演，将这一古老的民俗活动和艺术传承开来。

后　　记

在漫长的农耕时代，民俗文化影响着人们的社会心理、价值观念、道德标准、审美追求。在现代社会，民俗文化成为民族认同的载体，其包容共生的价值观正日益成为我们这个时代的核心价值。

民俗文化是民族文化最重要的综合载体，包括神话、传说、民间戏曲、民间美术、交际礼节、人生仪式、娱乐游戏、艺术技能、信仰心理等等，其内容丰富、包罗万象，无一不在传统生活中存活和衍生。我们弘扬了民俗文化，也就使它们所承载的文化得到了延续——此即编撰此书的意义与价值所在。

江淮大地，长江、淮河两大水系穿境而过，巢湖雄踞其中，西有巍巍大别山，南有以黄山为中心的一派山脉，北方则是辽阔的皖北平原，在这片热土中，演绎出五光十色的民俗文化，值得我们去认识、记录和发掘。

民俗文化是民族精神的基础，是民族精神的重要载体。保护、传承与发展民俗文化，就是在固守我们民族的根脉，就是在保护民族文化的DNA。

由于时间有限和学力不逮，部分资料缺乏考证，或许存在不足或错误，若干稿件来源于网络或专家学人的著作中，我们做了直接或间接的引用，在此一并致歉、致谢，限于行文和体例原因，不再署名。应该说，为传播和弘扬安徽民俗文化，我们都乐于添砖加瓦。

作者

2015 年 3 月

图书在版编目(CIP)数据

民俗安徽/王贤友,杨静编著. —合肥:合肥工业大学出版社,2015.12(2021.2重印)
(品读·文化安徽丛书)
ISBN 978-7-5650-2608-9

Ⅰ.①民… Ⅱ.①王…②杨… Ⅲ.①风俗习惯—介绍—安徽省 Ⅳ.①K892.454

中国版本图书馆 CIP 数据核字(2015)第 307280 号

民俗安徽

王贤友　杨　静　编著

责任编辑	章　建　霍俊橦
出版发行	合肥工业大学出版社
地　　址	(230009)合肥市屯溪路 193 号
网　　址	www. hfutpress. com. cn
电　　话	总 编 室:0551-62903038
	市场营销部:0551-62903198
开　　本	710 毫米×1010 毫米　1/16
印　　张	11.25
字　　数	170 千字
版　　次	2015 年 12 月第 1 版
印　　次	2021 年 2 月第 3 次印刷
印　　刷	安徽联众印刷有限公司
书　　号	ISBN 978-7-5650-2608-9
定　　价	34.00 元

如果有影响阅读的印装质量问题,请与出版社市场营销部联系调换。